초판 발행일 | 2024년 8월 20일
지은이 | 해람북스 기획팀
펴낸이 | 최용섭
총편집인 | 이준우
기획진행 | 김미경
표지디자인 | 김영리

주소 | 서울시 용산구 한남대로 11길 12, 6층
문의전화 | 02-6337-5419
팩스 | 02-6337-5429
홈페이지 | https://class.edupartner.co.kr

발행처 | ㈜미래엔에듀파트너
출판등록번호 | 제2020-000101호

ISBN 979-11-6571-201-3 13000

이 책은 저작권법에 따라 보호받는 저작물이므로 무단전재와 무단복제를 금지하며, 이 책 내용의 전부 또는 일부를 이용하려면 반드시 저작권자와 ㈜미래엔에듀파트너의 서면동의를 받아야 합니다.

※ 잘못된 책은 바꾸어 드립니다.
※ 책 가격은 뒷면에 있습니다.

상담을 원하시거나 아이가 컴퓨터 수업에 참석할 수 없는 경우에 아래 연락처로 미리 연락주시기 바랍니다.

★ 컴퓨터 선생님 성함 : _____   ★ 내 자리 번호 : _____

★ 컴퓨터 교실 전화번호 : _____

★ 나의 컴교실 시간표   요일 : _____   시간 : _____

※ 학생들이 컴퓨터실에 올 때는 컴퓨터 교재와 필기도구를 꼭 챙겨서 올 수 있도록 해 주시고, 인형, 딱지, 휴대폰 등은 컴퓨터 시간에 꺼내지 않도록 지도 바랍니다.

시간표 및 출석 확인란입니다. 꼭 확인하셔서 결석이나 지각이 없도록 협조 바랍니다.

_____ 월

월	화	수	목	금

시간표 및 출석 확인란입니다. 꼭 확인하셔서 결석이나 지각이 없도록 협조 바랍니다.

_____ 월

월	화	수	목	금

시간표 및 출석 확인란입니다. 꼭 확인하셔서 결석이나 지각이 없도록 협조 바랍니다.

_____ 월

월	화	수	목	금

나의 타자 단계

이름 : _____

⭐ 오타 수가 5개를 넘지 않는 친구는 선생님께 확인을 받은 후 다음 단계로 넘어가서 연습합니다.

자리 연습	1단계	2단계	3단계	4단계	5단계	6단계	7단계	8단계
보고 하기								
안 보고 하기								

낱말 연습	1단계	2단계	3단계	4단계	5단계	6단계	7단계	8단계
보고 하기								
안 보고 하기								

자리연습	1번 연습	2번 연습	3번 연습	4번 연습	5번 연습	6번 연습	7번 연습	8번 연습
10개 이상								
20개 이상								
30개 이상								

이 책의 순서

컴퓨터와 진탕놀기

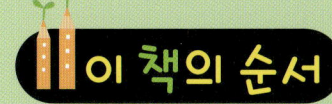

- **01** 해와 구름 만들기 ……………… 6
- **02** 달과 별 만들기 ………………… 10
- **03** 시원한 수박 만들기 …………… 15
- **04** 귀여운 곰돌이 만들기 ………… 20
- **05** 달콤한 아이스크림 만들기 …… 24
- **06** 호수 위 오리 만들기 …………… 28
- **07** 반짝 반짝 트리 만들기 ………… 32
- **08** 엄마의 핸드백 만들기 ………… 36
- **09** 우주 인공위성 만들기 ………… 40
- **10** 맛있는 감자튀김 만들기 ……… 44
- **11** 알록달록 무지개 만들기 ……… 48
- **12** 꽃밭의 나비 만들기 …………… 53
- **13** 따뜻한 눈사람 만들기 ………… 58
- **14** 알록달록 사탕 만들기 ………… 63
- **15** 알을 깨고 나온 병아리 만들기 … 67
- **16** 예쁜 소녀 얼굴 만들기 ………… 72
- 솜씨 어때요? …………………………… 77

01 해와 구름 만들기

학습목표

- 도형을 삽입해요.
- 도형 채우기와 도형 윤곽선을 변경해요.
- 완성된 작품을 저장해요.

▶ 완성 파일 : 01_해와 구름_완성.pptx

 **도형을 삽입해 보아요.**

① [윈도우 로고 키(⊞)]-[PowerPoint 2021] 메뉴를 클릭하여 파워포인트 2021 프로그램을 실행합니다. [홈] 탭-[슬라이드] 그룹-[레이아웃(▭)]-[빈 화면] 레이아웃을 적용한 후 [삽입] 탭-[일러스트레이션] 그룹-[도형(◌)]-[해(☼)]를 선택하고 마우스를 드래그하여 도형을 삽입합니다.

Tip Shift 를 누른 상태로 마우스를 드래그하면 일정한 비율로 도형을 삽입할 수 있어요.

② '해(☼)' 도형을 선택한 후 드래그하여 도형을 이동시키고, 도형의 크기 조절점(○)을 드래그하여 도형의 크기를 변경합니다.

위치 이동

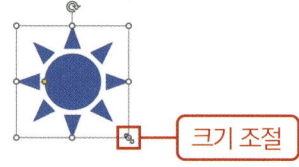

크기 조절

 **도형 채우기와 도형 윤곽선을 변경해 보아요.**

① '해(☀)' 도형을 선택한 후 [도형 서식] 탭-[도형 스타일] 그룹-[도형 채우기]-[빨강]을 클릭합니다.

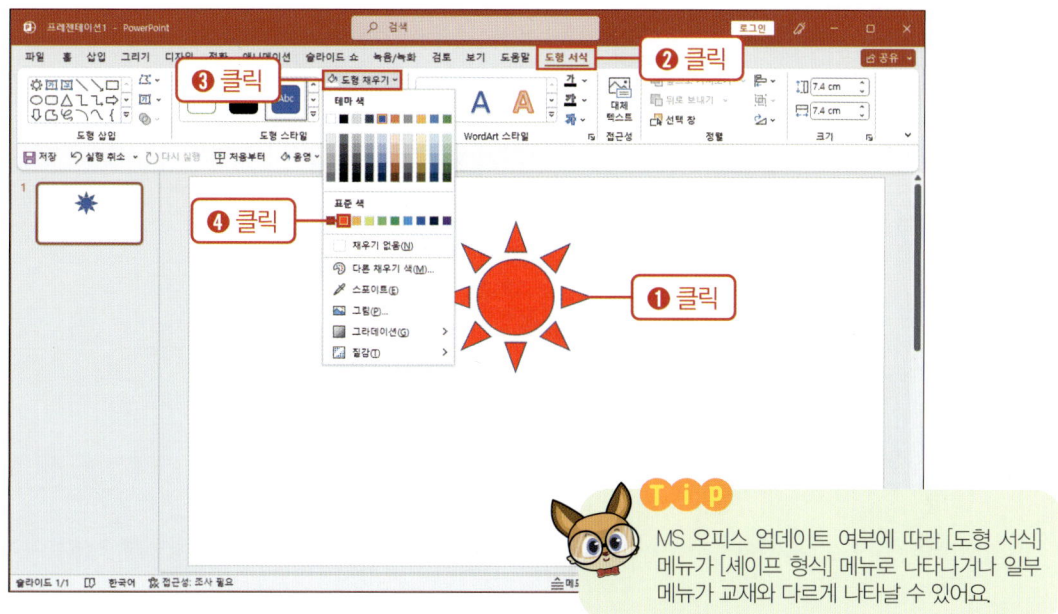

> **Tip**
> MS 오피스 업데이트 여부에 따라 [도형 서식] 메뉴가 [셰이프 형식] 메뉴로 나타나거나 일부 메뉴가 교재와 다르게 나타날 수 있어요.

② 이어서 [도형 윤곽선]-[진한 빨강]을 클릭합니다.

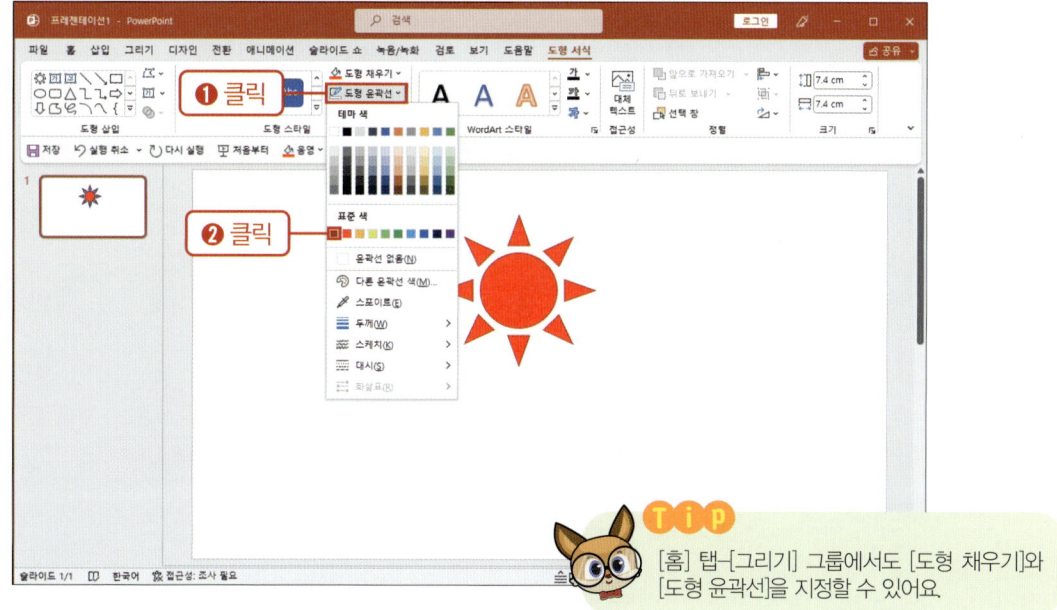

> **Tip**
> [홈] 탭-[그리기] 그룹에서도 [도형 채우기]와 [도형 윤곽선]을 지정할 수 있어요.

❸ [삽입] 탭-[일러스트레이션] 그룹-[도형(🔲)]-[구름(☁)]을 클릭하여 도형을 삽입한 후 [도형 서식] 탭-[도형 스타일] 그룹-[도형 채우기]-[흰색, 배경 1], [도형 윤곽선]-[흰색, 배경 1, 50% 더 어둡게]를 선택합니다.

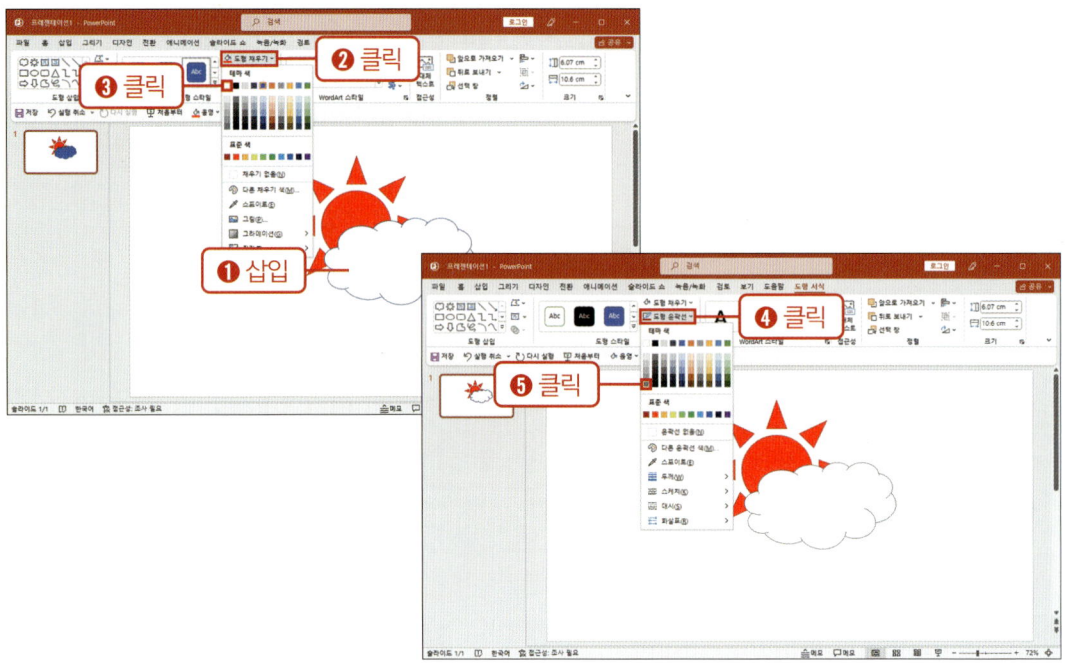

❹ [파일] 탭-[다른 이름으로 저장]-[찾아보기] 메뉴를 클릭하여 [다른 이름으로 저장] 대화 상자가 나타나면 저장 위치를 지정한 후 파일 이름을 '해와구름'으로 입력하고 [저장] 단추를 클릭합니다.

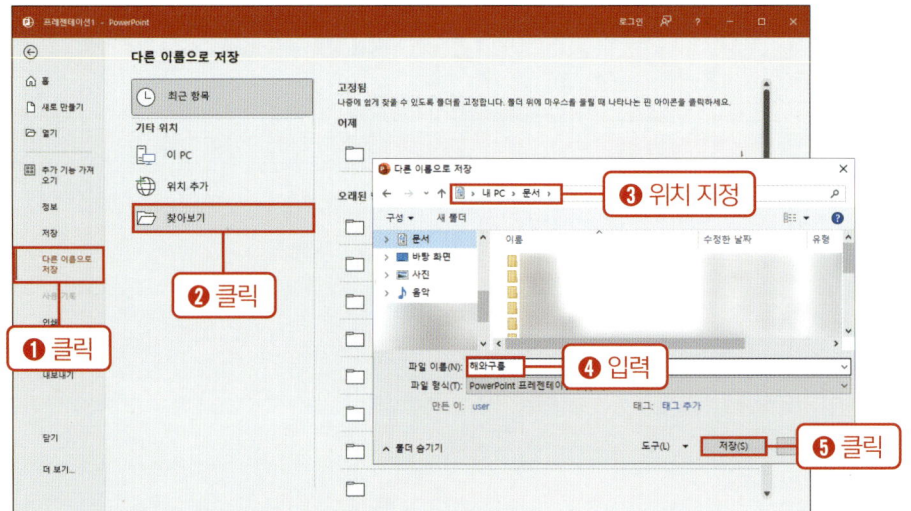

혼자 할 수 있어요!

01 다음과 같이 '구름(☁)' 도형과 '번개(⚡)' 도형을 삽입한 후 도형 채우기와 도형 윤곽선을 변경해 보세요.

• 완성 파일 : 01_번개_완성.pptx

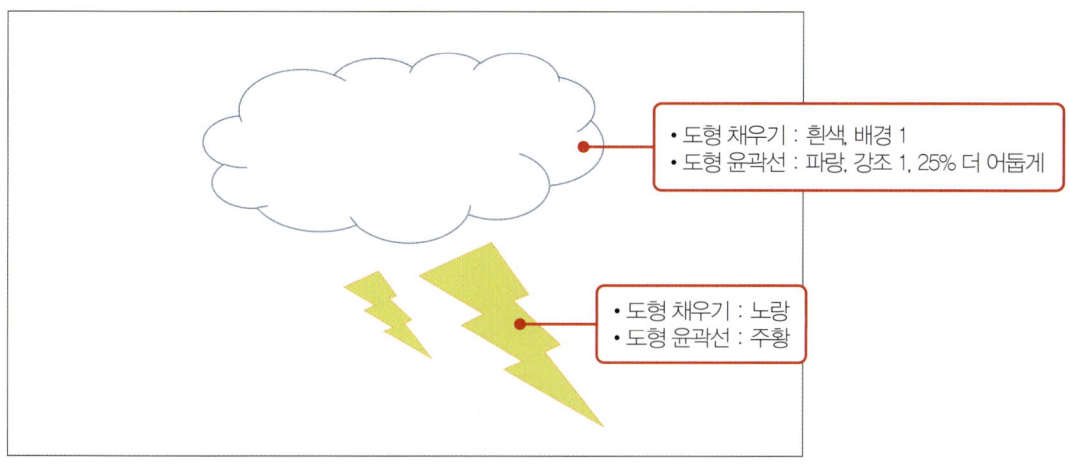

- 도형 채우기 : 흰색, 배경 1
- 도형 윤곽선 : 파랑, 강조 1, 25% 더 어둡게

- 도형 채우기 : 노랑
- 도형 윤곽선 : 주황

02 다음과 같이 '구름(☁)' 도형과 '눈물 방울(💧)' 도형을 삽입한 후 도형 채우기와 도형 윤곽선을 변경해 보세요.

• 완성 파일 : 01_비_완성.pptx

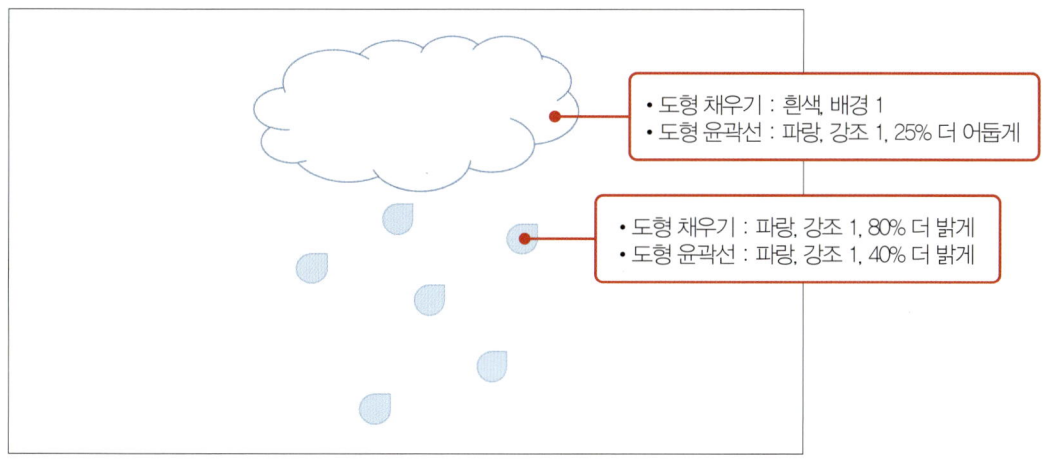

- 도형 채우기 : 흰색, 배경 1
- 도형 윤곽선 : 파랑, 강조 1, 25% 더 어둡게

- 도형 채우기 : 파랑, 강조 1, 80% 더 밝게
- 도형 윤곽선 : 파랑, 강조 1, 40% 더 밝게

02 달과 별 만들기

- 회전 조절점을 이용하여 도형을 회전시켜요.
- 단축키를 이용하여 도형을 복사해요.

▶ 완성 파일 : 02_밤하늘_완성.pptx

미션 1   회전 조절점을 이용하여 도형을 회전시켜 보아요.

① [빈 화면] 레이아웃을 지정하고 [삽입] 탭-[일러스트레이션] 그룹-[도형(⌂)]에서 '달(☽)' 도형을 선택한 후 마우스를 드래그하여 '달(☽)' 도형을 삽입합니다.

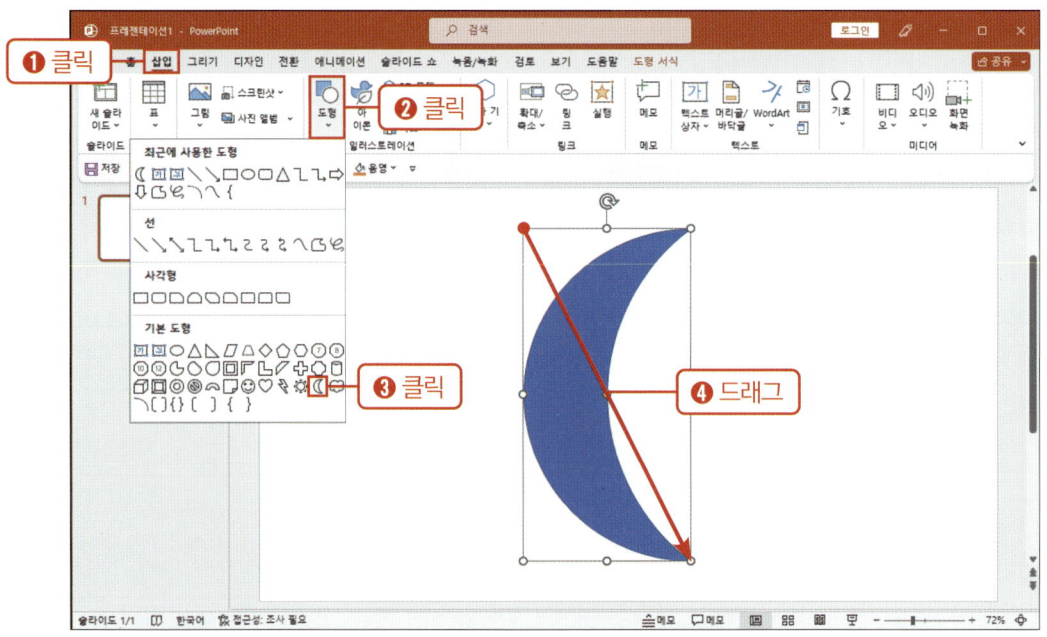

② 도형이 삽입되면 '달(☾)' 도형을 선택한 후 [도형 서식] 탭-[도형 스타일] 그룹-[도형 채우기]-[노랑], [도형 윤곽선]-[주황]을 지정합니다.

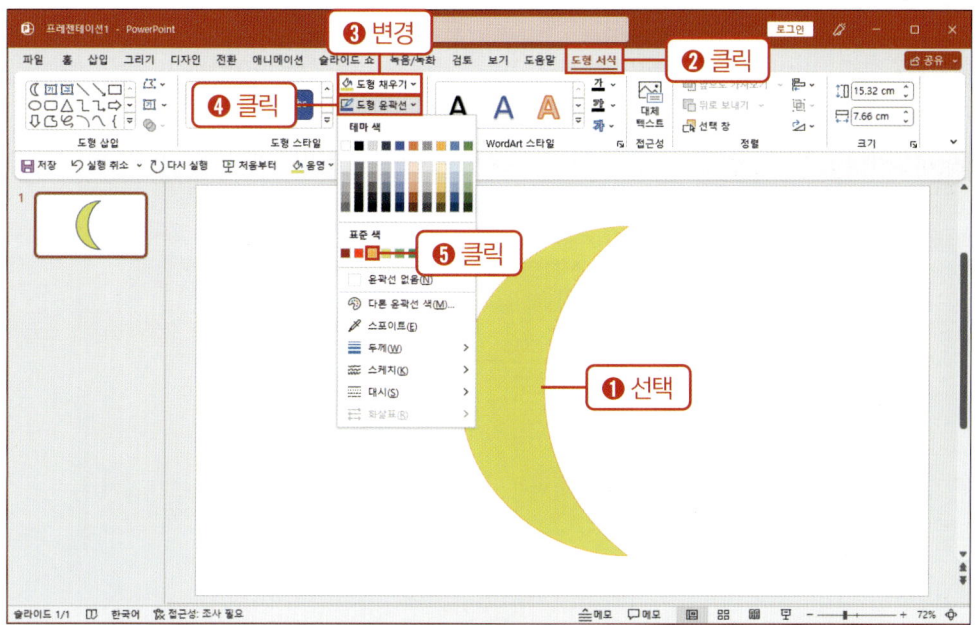

③ 이어서 회전 조절점(⟳)을 드래그하여 '달(☾)' 도형을 회전시킵니다.

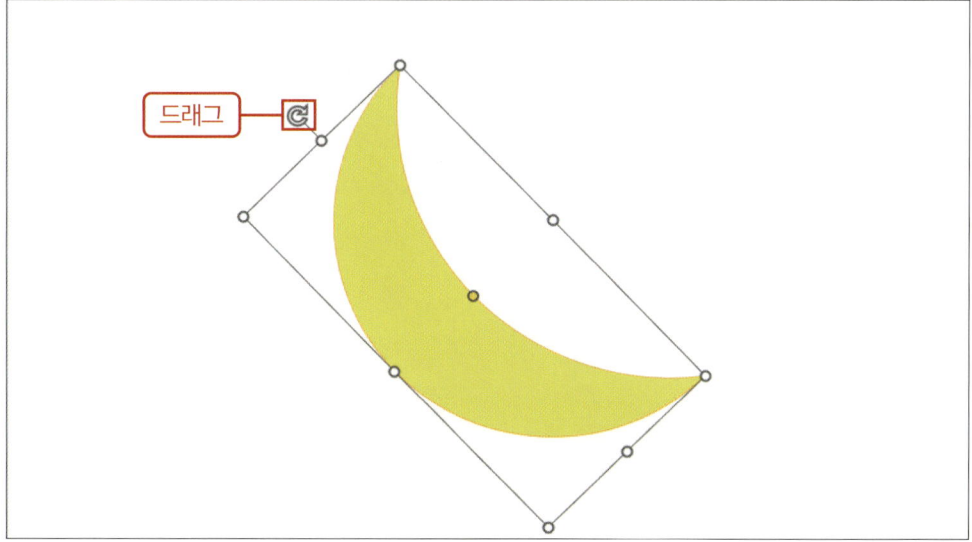

미션 2 단축키를 이용하여 도형을 복사해 보아요.

❶ '별: 꼭짓점 5개(☆)' 도형을 삽입하고 [도형 서식] 탭-[도형 스타일] 그룹-[도형 채우기]-[주황, 강조 2, 80% 더 밝게], [도형 윤곽선]-[윤곽선 없음]을 지정합니다.

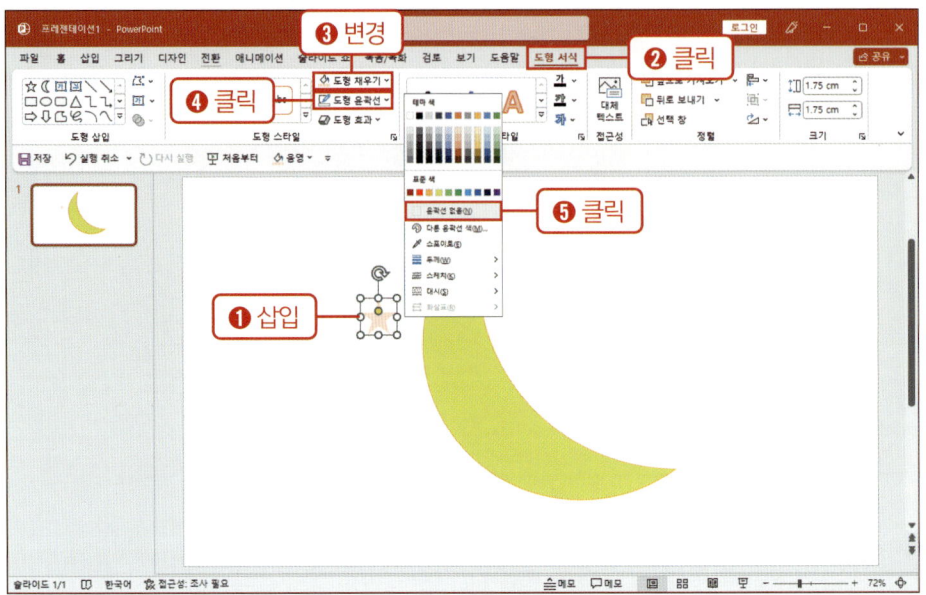

❷ '별: 꼭짓점 5개(☆)' 도형의 회전 조절점(⟲)을 드래그하여 그림과 같이 회전시킵니다.

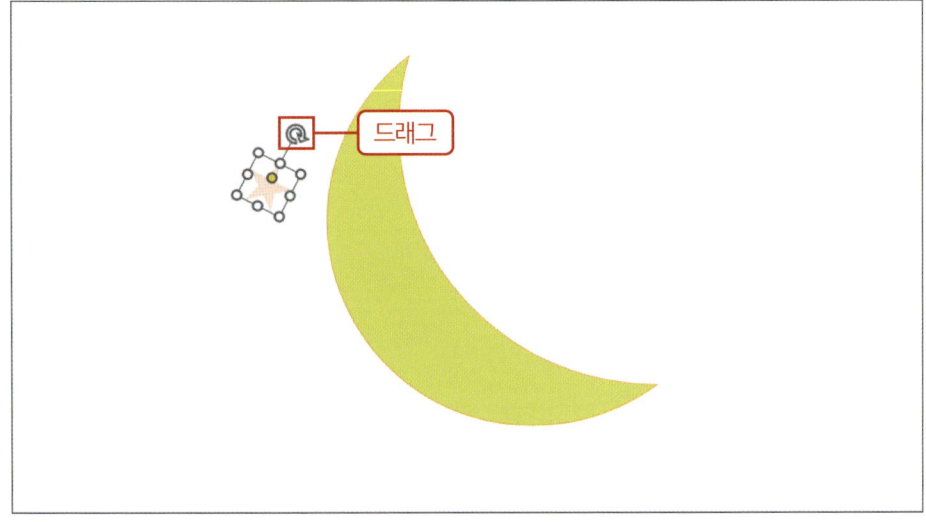

❸ '별: 꼭짓점 5개(☆)' 도형을 선택하고 Ctrl 을 누른 상태로 드래그하여 도형을 복사합니다.

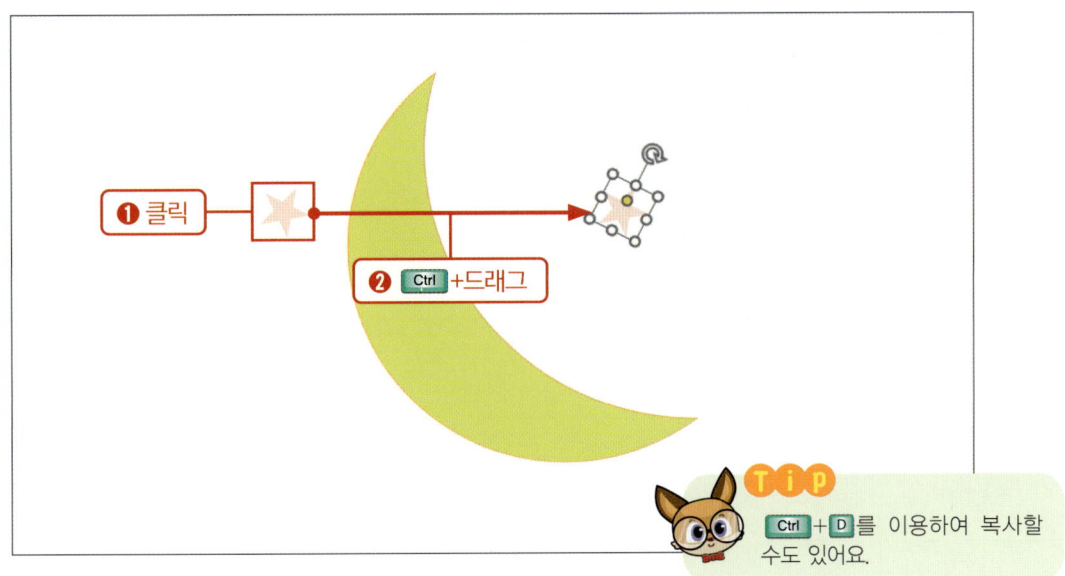

Tip
Ctrl + D 를 이용하여 복사할 수도 있어요.

❹ 같은 방법으로 '별: 꼭짓점 4개(✦)', '별: 꼭짓점 6개(✡)', '별: 꼭짓점 8개(✸)' 도형을 삽입하고 복사한 후 도형 채우기와 도형 윤곽선을 각각 지정하고 회전시킵니다.

혼자 할 수 있어요!

01 도형을 삽입하고 회전 및 복사 기능을 이용하여 그림과 같이 리본을 완성해 보세요.

• 완성 파일 : 02_리본_완성.pptx

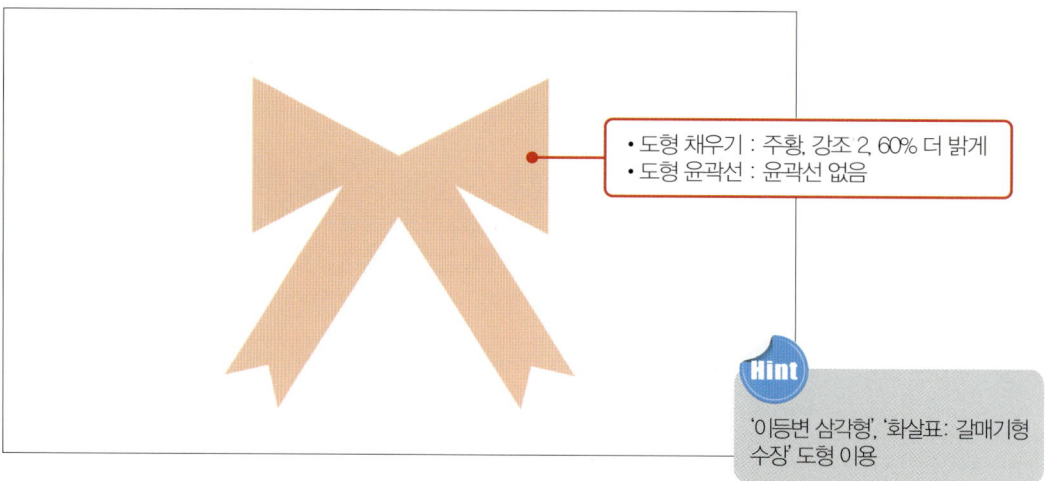

- 도형 채우기 : 주황, 강조 2, 60% 더 밝게
- 도형 윤곽선 : 윤곽선 없음

Hint
'이등변 삼각형', '화살표: 갈매기형 수장' 도형 이용

02 도형을 삽입하고 회전 및 복사 기능을 이용하여 그림과 같이 카드를 완성해 보세요.

• 완성 파일 : 02_카드_완성.pptx

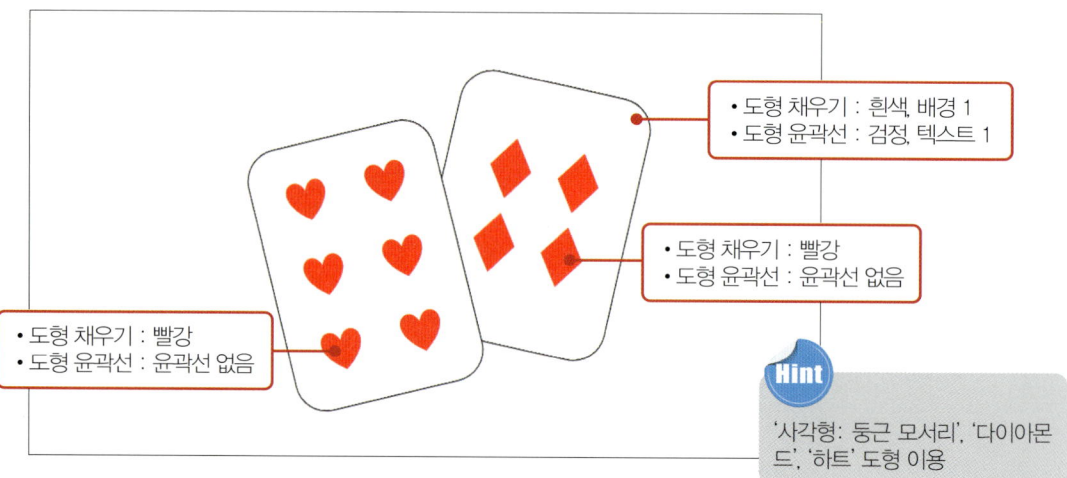

- 도형 채우기 : 흰색, 배경 1
- 도형 윤곽선 : 검정, 텍스트 1

- 도형 채우기 : 빨강
- 도형 윤곽선 : 윤곽선 없음

- 도형 채우기 : 빨강
- 도형 윤곽선 : 윤곽선 없음

Hint
'사각형: 둥근 모서리', '다이아몬드', '하트' 도형 이용

03 시원한 수박 만들기

학 습 목 표

- 모양 조절점으로 도형의 모양을 변경해요.
- 도형 채우기를 그라데이션으로 지정해요.

▶ 완성 파일 : 03_수박_완성.pptx

미션 1 모양 조절점으로 도형의 모양을 변경해 보아요.

 [삽입] 탭-[일러스트레이션] 그룹-[도형(⬚)]-[부분 원형(◔)] 도형을 선택한 후 Shift 를 누른 상태로 마우스를 드래그하여 도형을 삽입합니다.

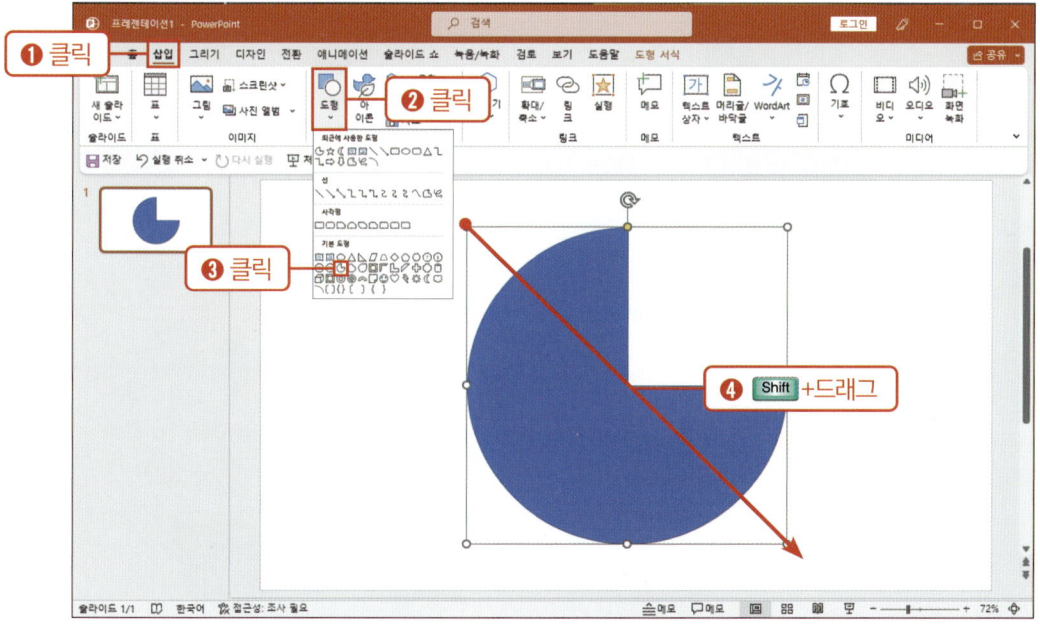

② 도형이 삽입되면 '부분 원형( )' 도형을 선택한 후 [도형 서식] 탭-[도형 스타일] 그룹-[도형 채우기]-[녹색], [도형 윤곽선]-[녹색, 강조 6, 50% 더 어둡게]를 지정합니다.

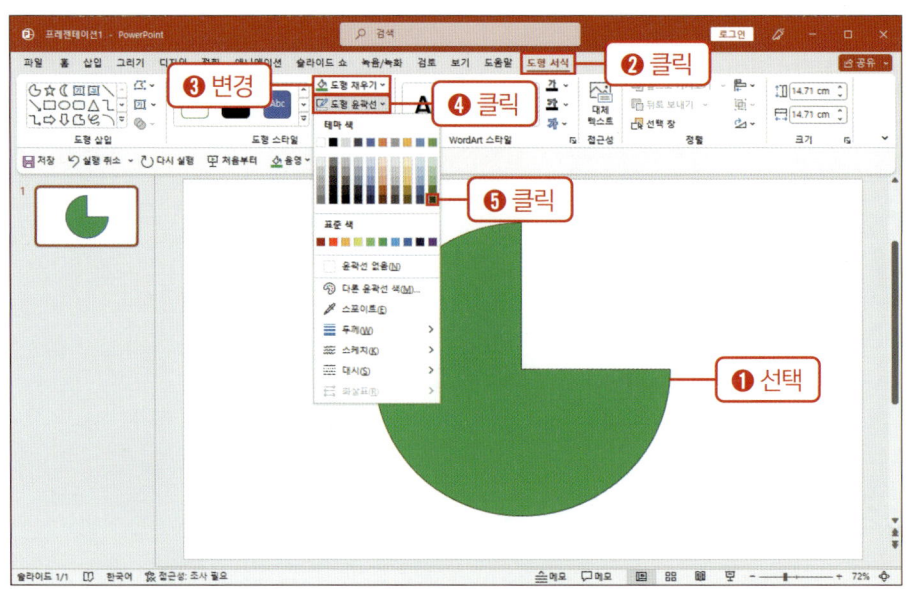

③ 이어서 모양 조절점( )을 드래그하여 '부분 원형( )' 도형의 모양을 그림과 같이 변경합니다.

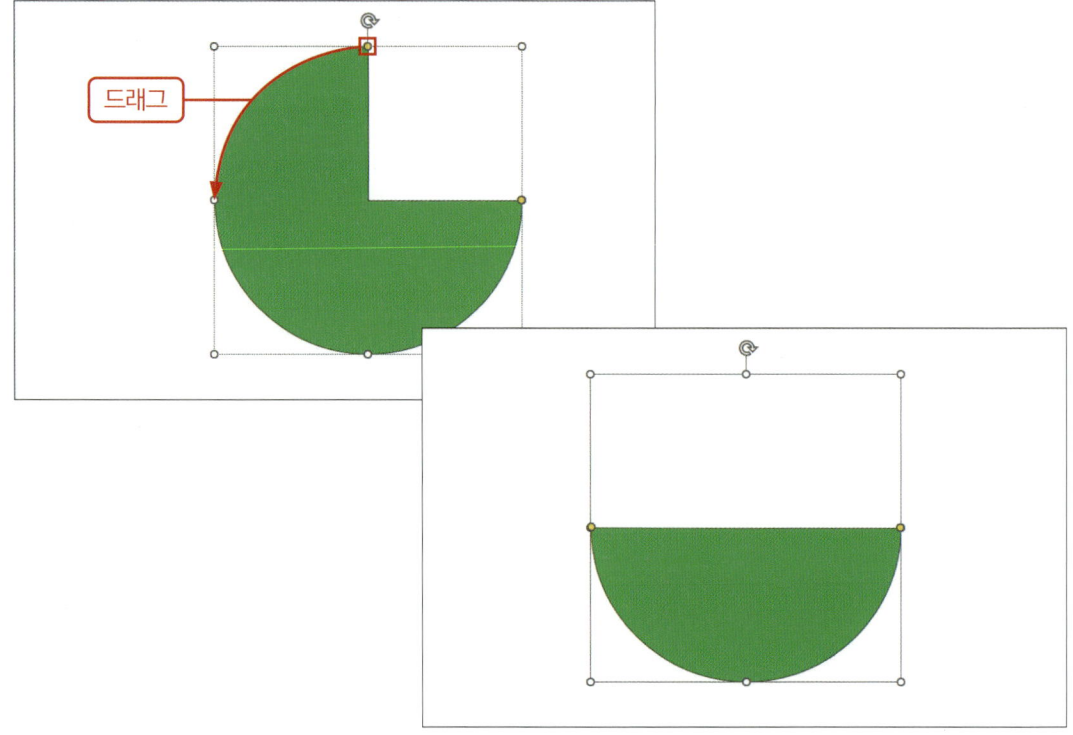

미션 2 도형 채우기를 그라데이션으로 지정해 보아요.

①  을 이용해 '부분 원형( )' 도형을 2개 복사하고 크기를 변경한 후 도형 채우기와 도형 윤곽선을 그림과 같이 변경합니다.

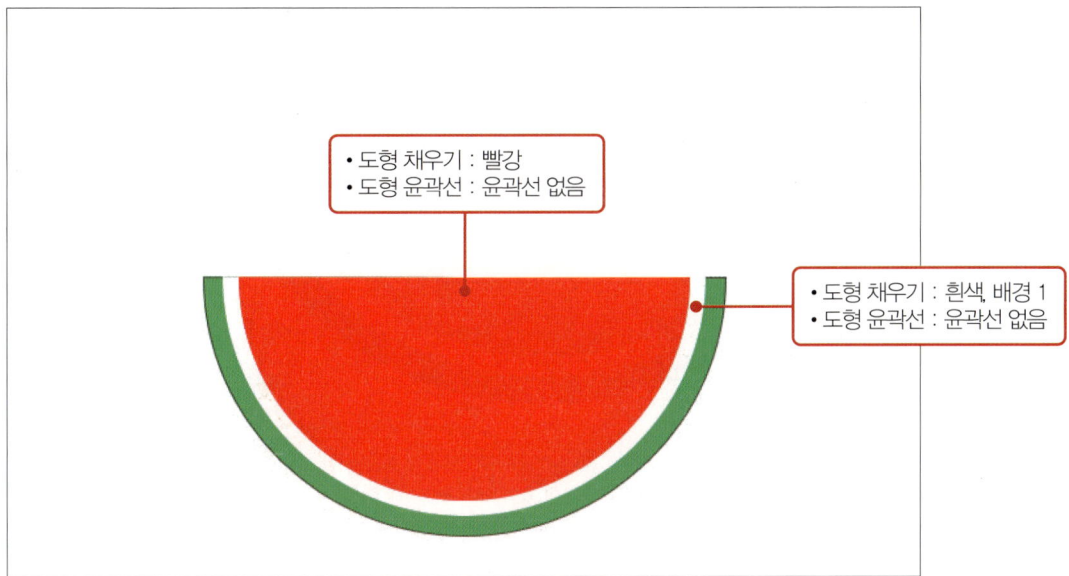

② 빨간색 '부분 원형( )' 도형을 선택한 후 [도형 서식] 탭-[도형 스타일] 그룹-[도형 채우기]-[그라데이션]-[어두운 그라데이션]-[선형 위쪽]을 클릭합니다.

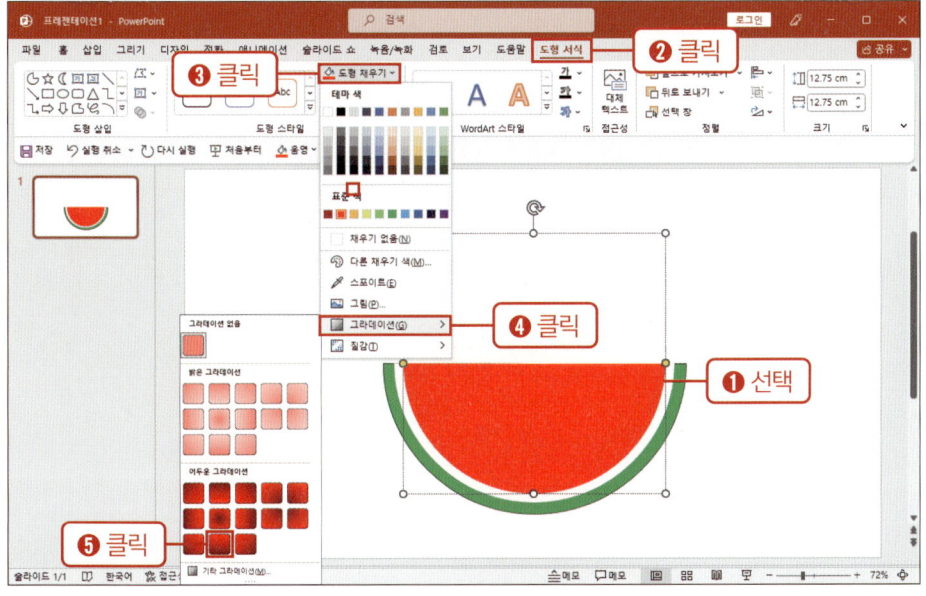

③ '눈물 방울(🌢)' 도형을 삽입한 후 도형 채우기와 도형 윤곽선을 지정하고 회전 조절점(⟳)을 드래그하여 그림과 같이 회전시킵니다.

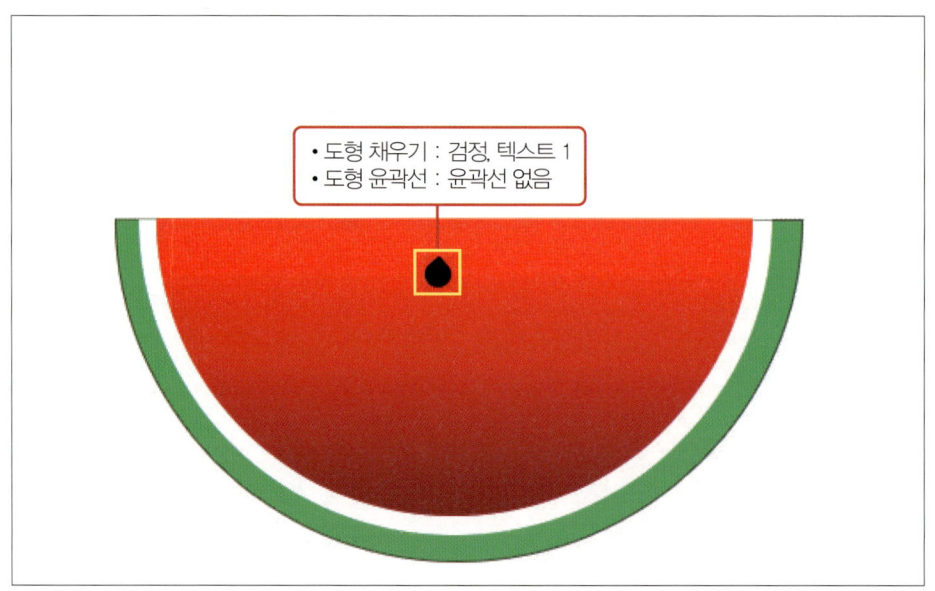

- 도형 채우기 : 검정, 텍스트 1
- 도형 윤곽선 : 윤곽선 없음

④ Ctrl 을 이용하여 '눈물 방울(🌢)' 도형을 복사한 후 그림과 같이 수박씨를 만들어 봅니다.

03   혼자 할 수 있어요!

01 도형을 삽입하고 모양을 변경하여 그림과 같이 무당벌레를 완성해 보세요.

• 완성 파일 : 03_무당벌레_완성.pptx

Hint
- '순서도: 수행의 시작/종료', '부분 원형', '타원' 도형 이용
- 도형 채우기 및 도형 윤곽선 임의 지정

02 도형을 삽입한 후 모양을 변경하고 그라데이션을 지정하여 그림과 같이 키위를 완성해 보세요.

• 완성 파일 : 03_키위_완성.pptx

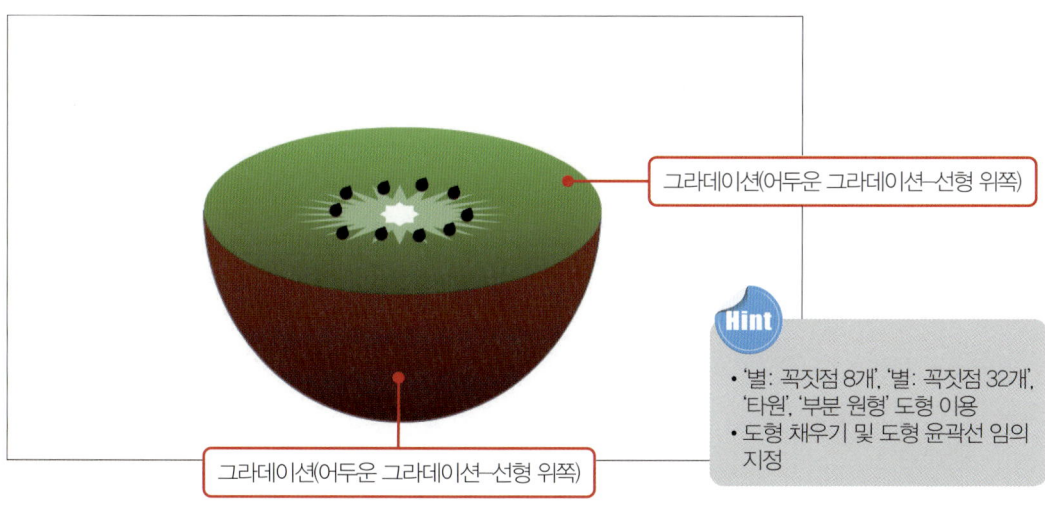

그라데이션(어두운 그라데이션-선형 위쪽)

그라데이션(어두운 그라데이션-선형 위쪽)

Hint
- '별: 꼭짓점 8개', '별: 꼭짓점 32개', '타원', '부분 원형' 도형 이용
- 도형 채우기 및 도형 윤곽선 임의 지정

04 귀여운 곰돌이 만들기

학습목표
- 도형의 순서를 변경해요.
- 자유 곡선으로 그림을 그려요.

▶ 완성 파일 : 04_곰_완성.pptx

미션 1 도형의 순서를 변경해 보아요.

 '타원(○)' 도형을 삽입한 후 도형 채우기와 도형 윤곽선을 지정합니다. 이어서 '타원(○)' 도형을 2개 더 삽입한 후 도형 채우기와 도형 윤곽선을 각각 지정하고 마우스를 드래그하여 2개의 '타원(○)' 도형을 선택합니다.

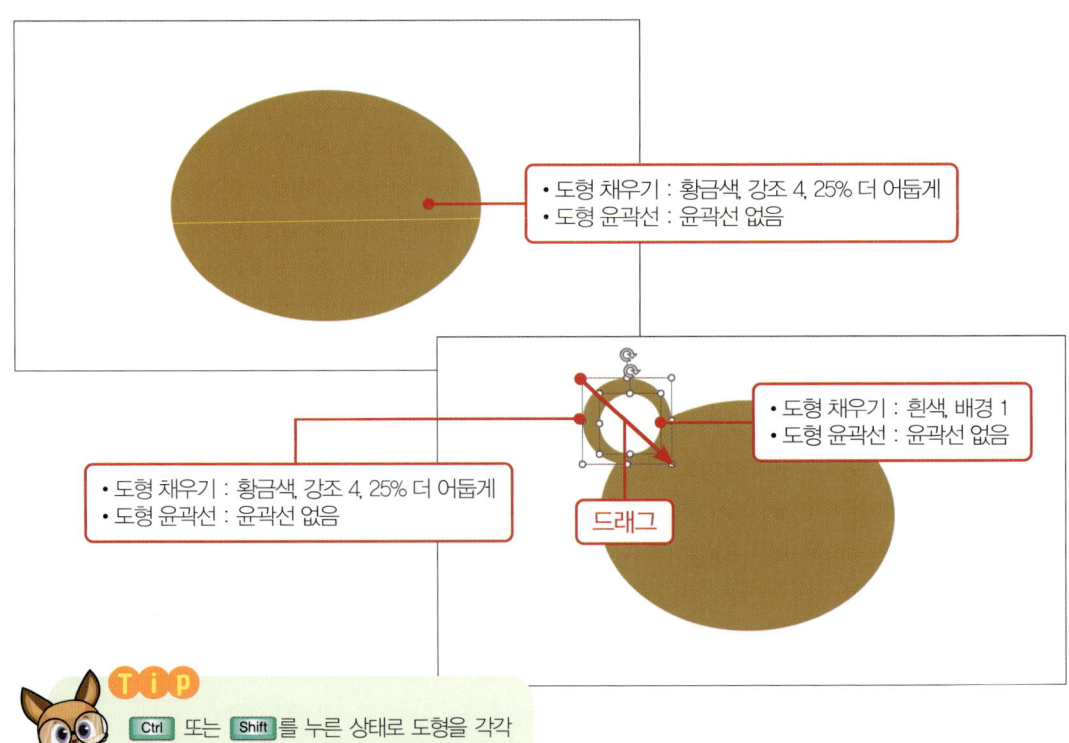

- 도형 채우기 : 황금색, 강조 4, 25% 더 어둡게
- 도형 윤곽선 : 윤곽선 없음

- 도형 채우기 : 흰색, 배경 1
- 도형 윤곽선 : 윤곽선 없음

- 도형 채우기 : 황금색, 강조 4, 25% 더 어둡게
- 도형 윤곽선 : 윤곽선 없음

드래그

> **Tip** Ctrl 또는 Shift 를 누른 상태로 도형을 각각 클릭하여 여러 개의 도형을 선택할 수도 있어요.

❷ [도형 서식] 탭-[정렬] 그룹-[뒤로 보내기(　)]-[맨 뒤로 보내기]를 클릭합니다.

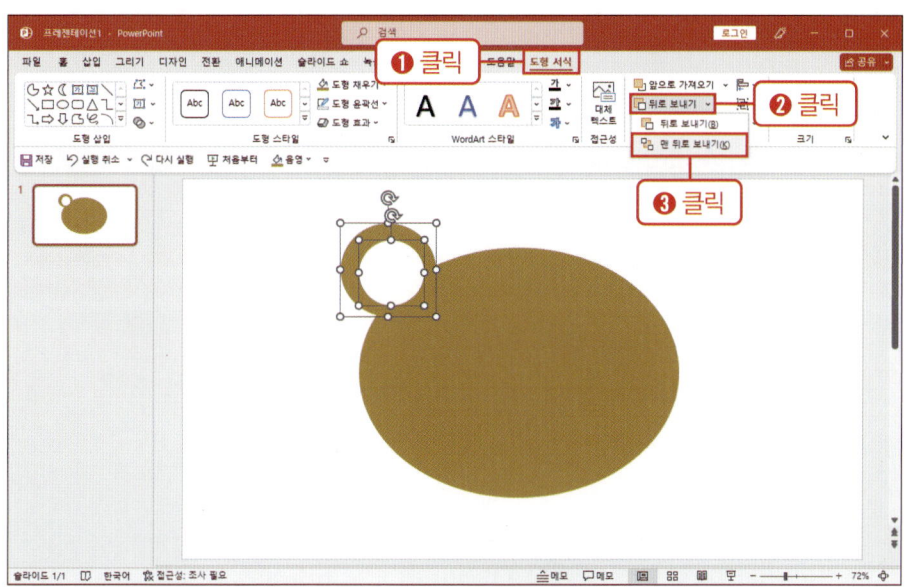

❸ ❶~❷와 같은 방법으로 곰의 귀를 만들고 '타원(○)' 도형을 추가하여 그림과 같이 곰의 얼굴을 완성합니다.

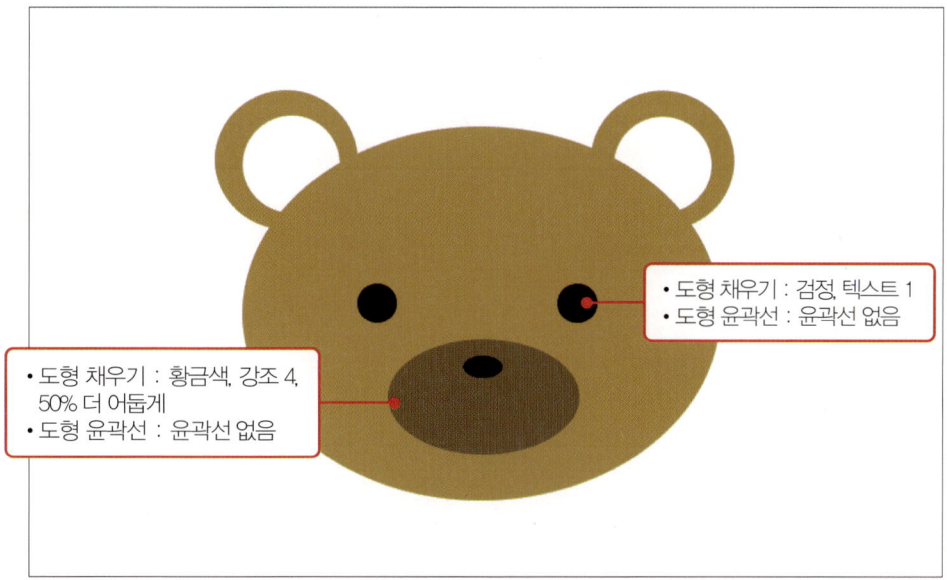

- 도형 채우기 : 검정, 텍스트 1
- 도형 윤곽선 : 윤곽선 없음

- 도형 채우기 : 황금색, 강조 4, 50% 더 어둡게
- 도형 윤곽선 : 윤곽선 없음

미션 2 자유 곡선 도형으로 자유롭게 그림을 그려 보아요.

① '선(\\)' 도형을 이용하여 곰의 코와 입술 연결선을 그리고 '자유형: 자유 곡선(⊂)' 도형을 이용하여 곰의 입술을 그린 후 도형 채우기와 도형 윤곽선을 지정합니다.

- 도형 채우기 : 채우기 없음
- 도형 윤곽선 : 검정, 텍스트 1

② Shift 를 누른 상태로 '선(\\)'과 '자유 곡선(⊂)' 도형을 각각 클릭하여 선택한 후 [도형 서식] 탭-[도형 스타일] 그룹-[도형 윤곽선]-[두께]-[2¼pt]를 선택합니다.

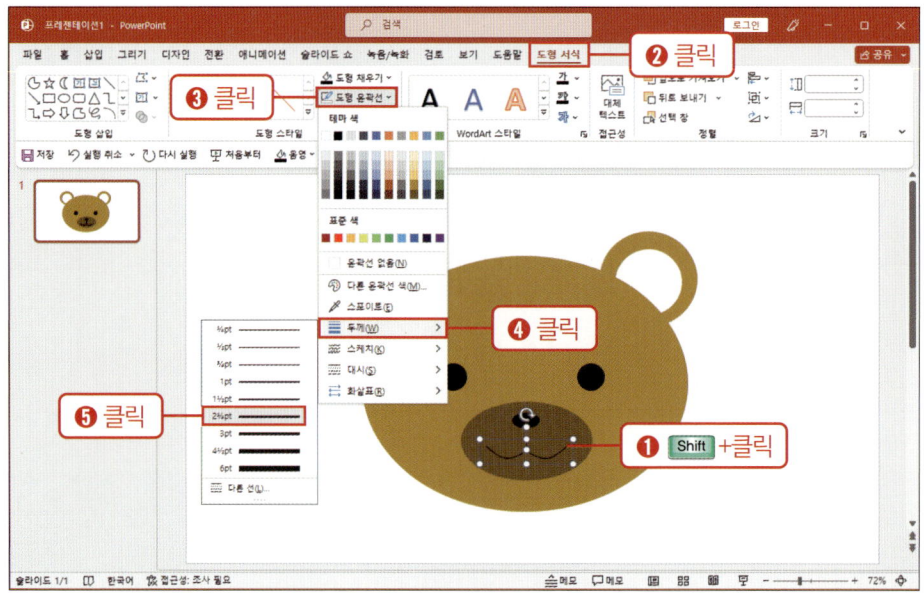

04 혼자 할 수 있어요!

01 도형을 삽입하고 복사 기능을 이용하여 그림과 같이 팬더를 완성해 보세요.

• 완성 파일 : 04_팬더_완성.pptx

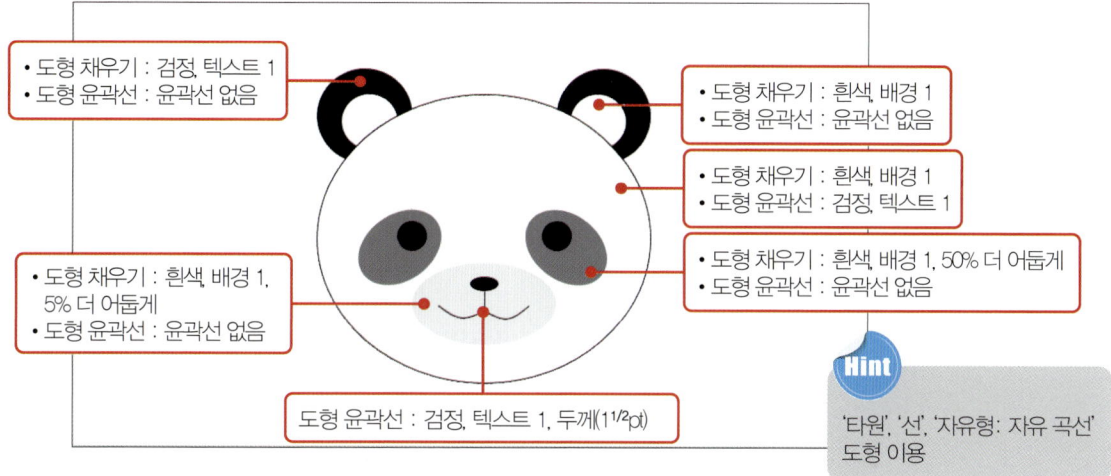

- 도형 채우기 : 검정, 텍스트 1
- 도형 윤곽선 : 윤곽선 없음

- 도형 채우기 : 흰색, 배경 1
- 도형 윤곽선 : 윤곽선 없음

- 도형 채우기 : 흰색, 배경 1
- 도형 윤곽선 : 검정, 텍스트 1

- 도형 채우기 : 흰색, 배경 1, 5% 더 어둡게
- 도형 윤곽선 : 윤곽선 없음

- 도형 채우기 : 흰색, 배경 1, 50% 더 어둡게
- 도형 윤곽선 : 윤곽선 없음

도형 윤곽선 : 검정, 텍스트 1, 두께($1^{1/2}$pt)

Hint '타원', '선', '자유형: 자유 곡선' 도형 이용

02 도형을 삽입하고 복사 기능을 이용하여 그림과 같이 네잎클로버를 완성해 보세요.

• 완성 파일 : 04_네잎클로버_완성.pptx

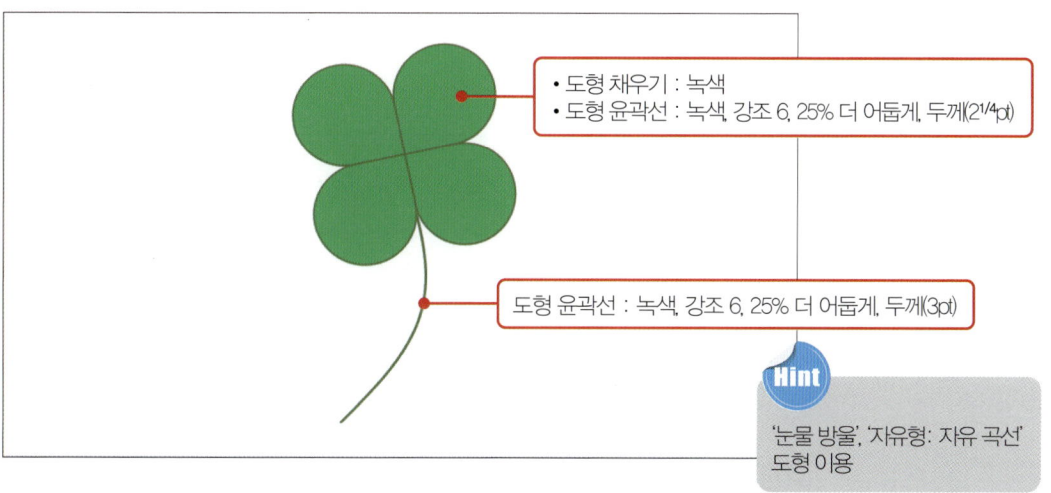

- 도형 채우기 : 녹색
- 도형 윤곽선 : 녹색, 강조 6, 25% 더 어둡게, 두께($2^{1/4}$pt)

도형 윤곽선 : 녹색, 강조 6, 25% 더 어둡게, 두께(3pt)

Hint '눈물 방울', '자유형: 자유 곡선' 도형 이용

05 달콤한 아이스크림 만들기

학습목표
- 도형을 상하 대칭으로 회전시켜요.
- 도형에 다른 채우기 색을 지정해요.
- 도형에 입체 효과를 적용해요.

▶ 완성 파일 : 05_아이스크림_완성.pptx

 **도형을 상하 대칭으로 회전시켜 보아요.**

① '이등변 삼각형(△)' 도형을 삽입한 후 [도형 서식] 탭-[정렬] 그룹-[회전]-[상하 대칭]을 클릭합니다.

② '선(\)', '타원(○)' 도형을 그림과 같이 삽입한 후 '타원(○)' 도형을 모두 선택하고 [도형 서식] 탭-[정렬] 그룹-[뒤로 보내기]-[맨 뒤로 보내기]를 클릭합니다.

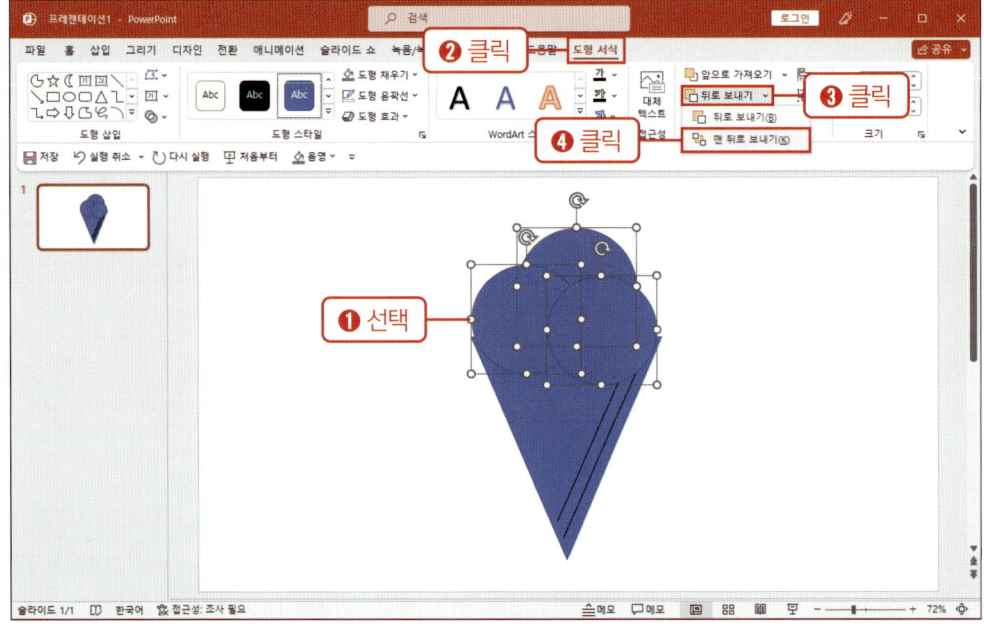

미션 2  도형에 다른 채우기 색을 지정해 보아요.

① '이등변 삼각형(△)' 도형을 선택한 후 [도형 서식] 탭–[도형 스타일] 그룹–[도형 채우기]–[다른 채우기 색]을 클릭합니다.

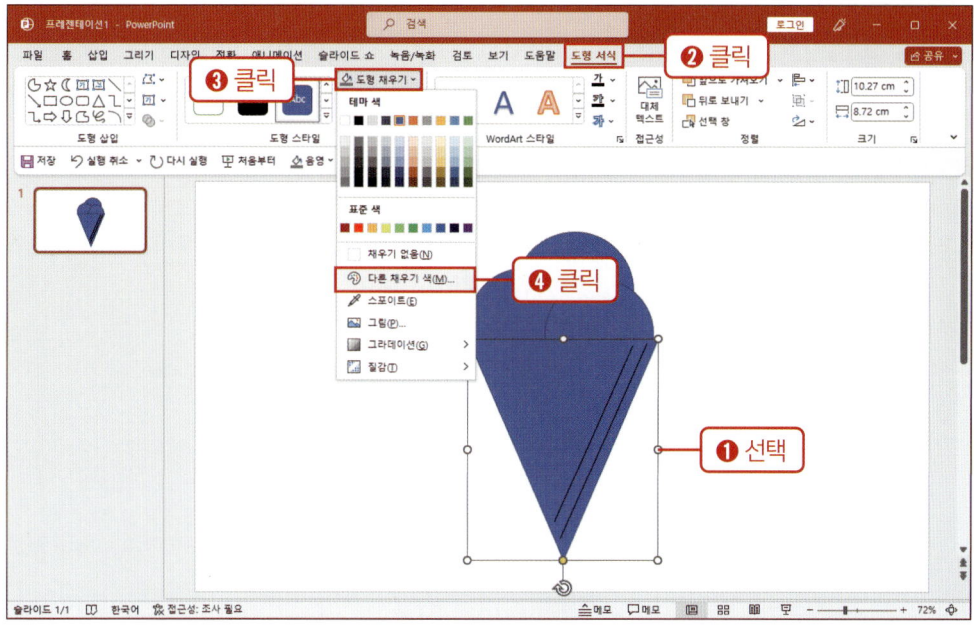

② [색] 대화상자가 나타나면 [사용자 지정] 탭을 클릭한 후 원하는 색을 선택하고 [확인] 단추를 클릭합니다. 같은 방법으로 '선(\)', '타원(○)' 도형의 색상도 각각 변경해 봅니다.

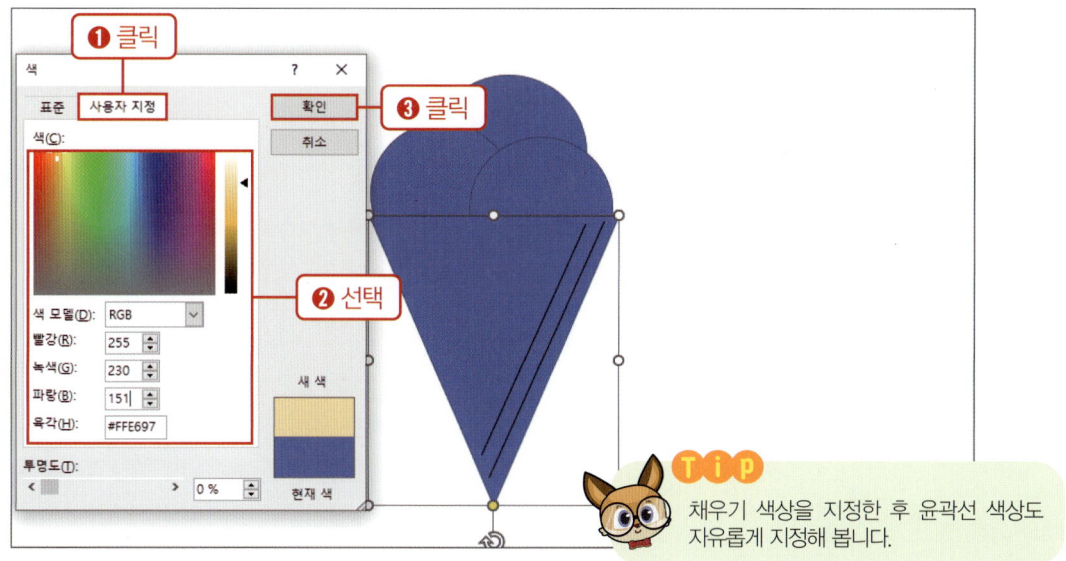

Tip 채우기 색상을 지정한 후 윤곽선 색상도 자유롭게 지정해 봅니다.

미션 3 도형에 입체 효과를 적용해 보아요.

1 '타원(○)' 도형을 삽입하고 도형 채우기와 도형 윤곽선을 지정한 후 [도형 서식] 탭-[도형 스타일] 그룹-[도형 효과]-[입체 효과]-[둥글게]를 클릭합니다.

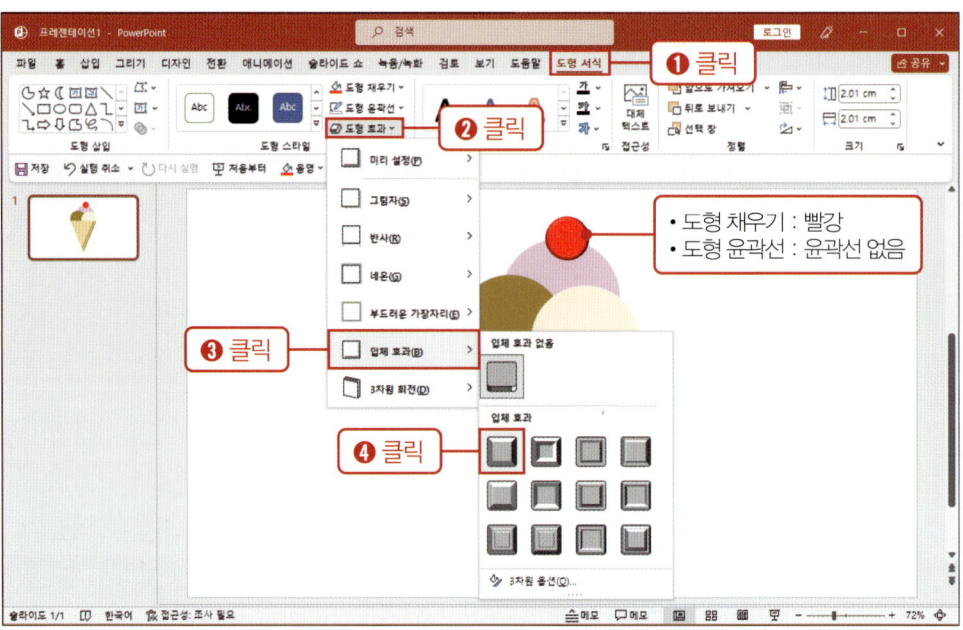

2 '순서도: 수행의 시작/종료(○)', '자유형: 자유 곡선(ℓ)' 도형을 추가하고 크기, 위치, 색상을 변경하여 그림과 같이 아이스크림을 완성해 봅니다.

혼자 할 수 있어요!

01 도형을 삽입하고 다른 채우기 색과 입체 효과를 이용하여 그림과 같이 요리 장면을 완성해 보세요.

• 완성 파일 : 05_요리_완성.pptx

Hint
- '타원', '달', '사각형: 둥근 모서리', '부분 원형', '직사각형', '눈물 방울' 도형 이용
- 다른 채우기 색, 입체 효과 임의 지정

02 도형을 삽입하고 다른 채우기 색과 입체 효과를 이용하여 그림과 같이 병아리를 완성해 보세요.

• 완성 파일 : 05_병아리_완성.pptx

Hint
- '타원', '다이아몬드', '곡선', '선' 도형 이용
- 다른 채우기 색, 입체 효과 임의 지정

06 호수 위 오리 만들기

- 도형을 그룹화하여 하나로 묶어요.
- 도형에 반사 효과를 지정해요.

▶ 예제 파일 : 06_호수.pptx
▶ 완성 파일 : 06_호수_완성.pptx

미션 1 도형을 그룹화하여 하나로 묶어 보아요.

① '06_호수.pptx' 파일을 불러오기 하여 '타원(◯)', '현(◯)' 도형을 삽입하고 도형 채우기와 도형 윤곽선을 지정한 후 '현(◯)' 도형의 회전 조절점(@)을 드래그하여 그림과 같이 회전시킵니다.

- 도형 채우기 : 흰색, 배경 1
- 도형 윤곽선 : 윤곽선 없음

❷ '타원(◯)' 도형을 삽입하여 오리의 눈을 그리고 '순서도: 수행의 시작/종료(◯)' 도형을 삽입하여 오리의 부리를 그립니다. 이어서 부리를 모두 선택한 후 [도형 서식] 탭-[정렬] 그룹-[뒤로 보내기(🔲)]-[맨 뒤로 보내기]를 클릭합니다.

Tip 오리의 눈은 도형 채우기를 '검정, 텍스트 1'로, 오리의 부리는 도형 채우기를 '주황'으로 설정하고 도형 윤곽선은 '윤곽선 없음'으로 지정해 보세요.

❸ 마우스를 드래그하여 도형을 모두 선택한 후 [도형 서식] 탭-[정렬] 그룹-[그룹화(🔲)]-[그룹]을 클릭합니다.

Tip
• Ctrl + A 를 눌러 모든 개체를 선택할 수도 있어요.
• 개체를 선택한 후 Ctrl + G 를 눌러 그룹화할 수도 있어요.

 **미션 2** 도형에 반사 효과를 지정해 보아요.

① 그룹화한 도형을 선택한 후 [도형 서식] 탭–[도형 스타일] 그룹–[도형 효과]–[반사]–[근접 반사: 터치]를 클릭합니다.

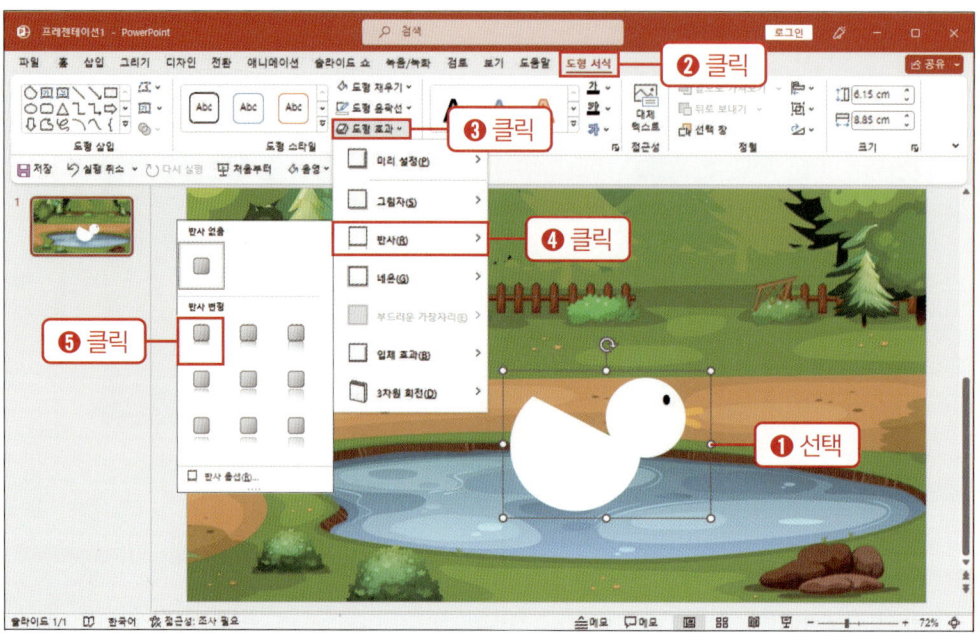

② 반사 효과가 적용된 모습을 확인합니다.

06   혼자 할 수 있어요!

01 도형을 삽입한 후 도형을 그룹화하고 반사 효과를 이용하여 그림과 같이 꽃게를 완성해 보세요.

• 완성 파일 : 06_꽃게_완성.pptx

Hint
• '타원', '부분 원형', '직사각형', '이등변 삼각형' 도형 이용
• 도형 채우기 및 도형 윤곽선, 반사 효과 임의 지정

02 도형을 삽입한 후 도형을 그룹화하고 반사 효과를 이용하여 그림과 같이 거북이를 완성해 보세요.

• 완성 파일 : 06_거북이_완성.pptx

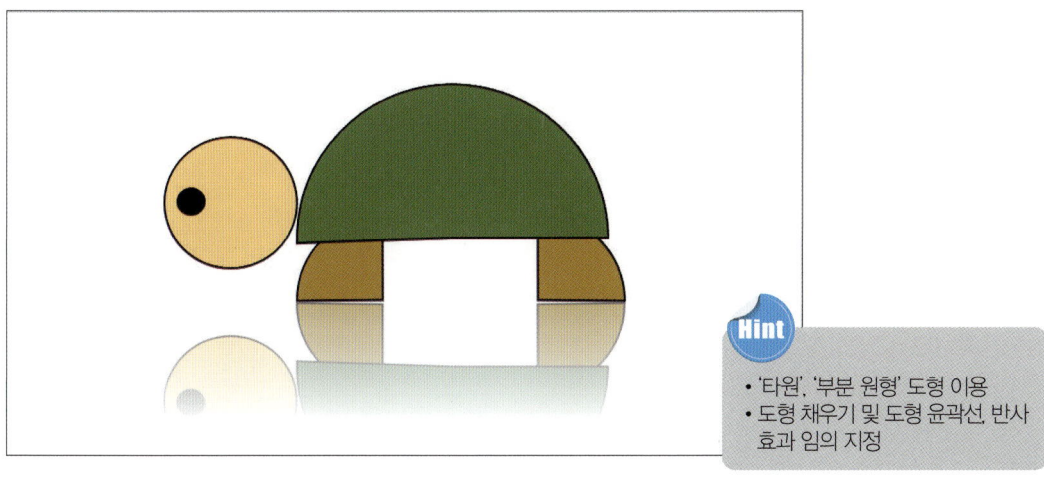

Hint
• '타원', '부분 원형' 도형 이용
• 도형 채우기 및 도형 윤곽선, 반사 효과 임의 지정

07 반짝 반짝 트리 만들기

학 습 목 표
- 도형에 네온 효과를 지정해요.
- 도형에 입체 효과를 지정해요.

▶ 완성 파일 : 07_트리_완성.pptx

미션 1 도형에 네온 효과를 지정해 보아요.

① '사다리꼴(△)', '이등변 삼각형(△)' 도형을 삽입한 후 도형 채우기와 도형 윤곽선을 각각 지정합니다. 이어서 '이등변 삼각형(△)' 도형을 선택하고  을 누른 상태로 드래그하여 복사한 후 그림과 같이 크기와 위치를 조절합니다.

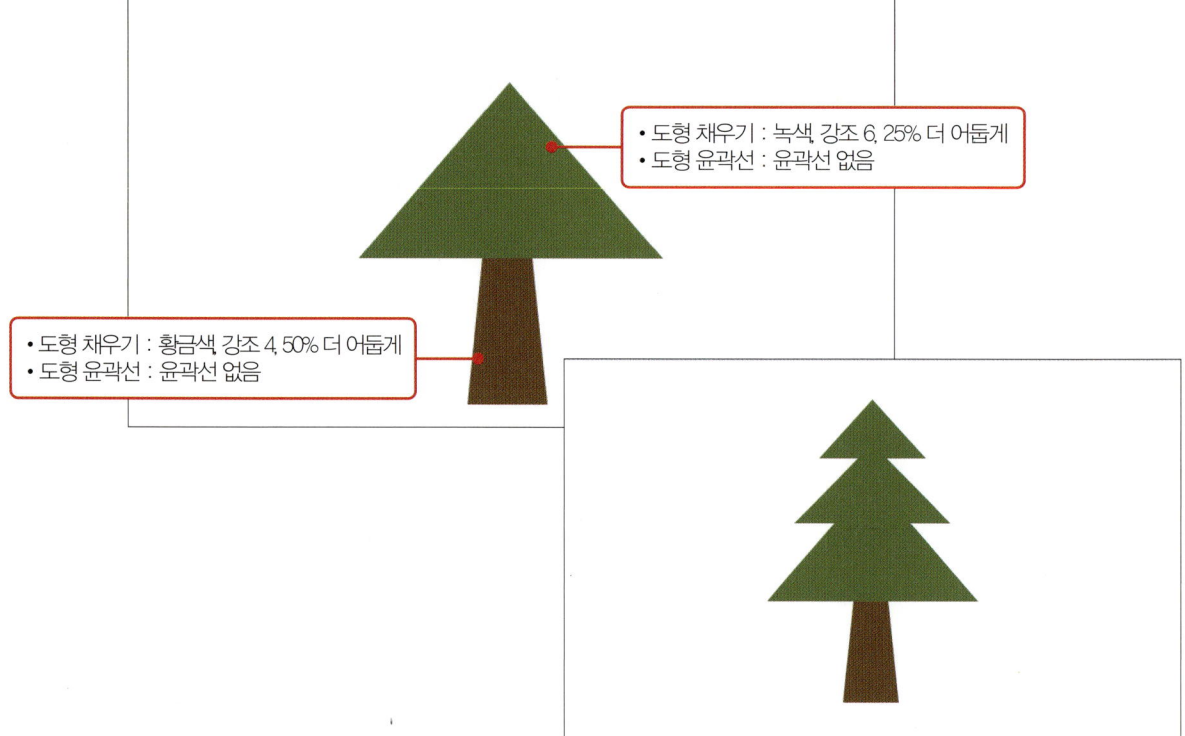

- 도형 채우기 : 녹색, 강조 6, 25% 더 어둡게
- 도형 윤곽선 : 윤곽선 없음

- 도형 채우기 : 황금색, 강조 4, 50% 더 어둡게
- 도형 윤곽선 : 윤곽선 없음

❷ 트리의 전구를 만들기 위해 '타원(◯)' 도형을 삽입하고 [도형 서식] 탭-[도형 채우기]-[노랑], [도형 윤곽선]-[윤곽선 없음]으로 지정한 후 [도형 효과]-[네온]-[네온: 8pt, 황금색, 강조색 4]를 선택합니다.

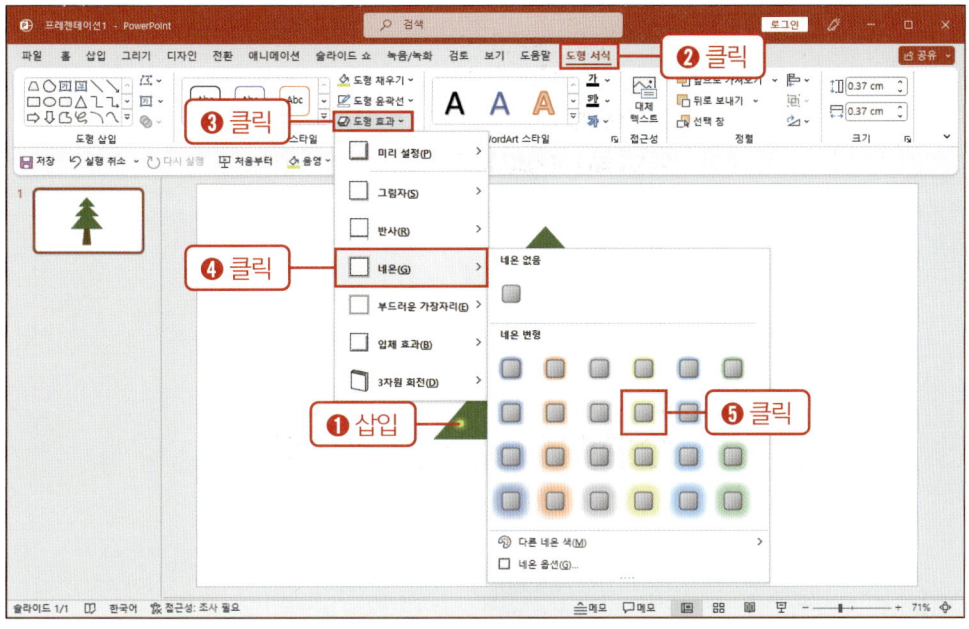

❸ 네온 효과를 적용한 '타원(◯)' 도형을 복사하여 그림과 같이 트리의 전구를 만듭니다. 이어서 '타원(◯)' 도형을 추가로 삽입한 후 도형 채우기와 도형 윤곽선을 지정합니다.

미션 2   도형에 입체 효과를 적용해 보아요.

① '별: 꼭짓점 5개(☆)' 도형을 삽입한 후 도형 채우기와 도형 윤곽선을 지정합니다.

- 도형 채우기 : 노랑
- 도형 윤곽선 : 윤곽선 없음

② '별: 꼭짓점 5개(☆)' 도형을 선택한 후 [도형 서식] 탭-[도형 스타일] 그룹-[도형 효과]-[입체 효과]-[둥글게]를 클릭합니다.

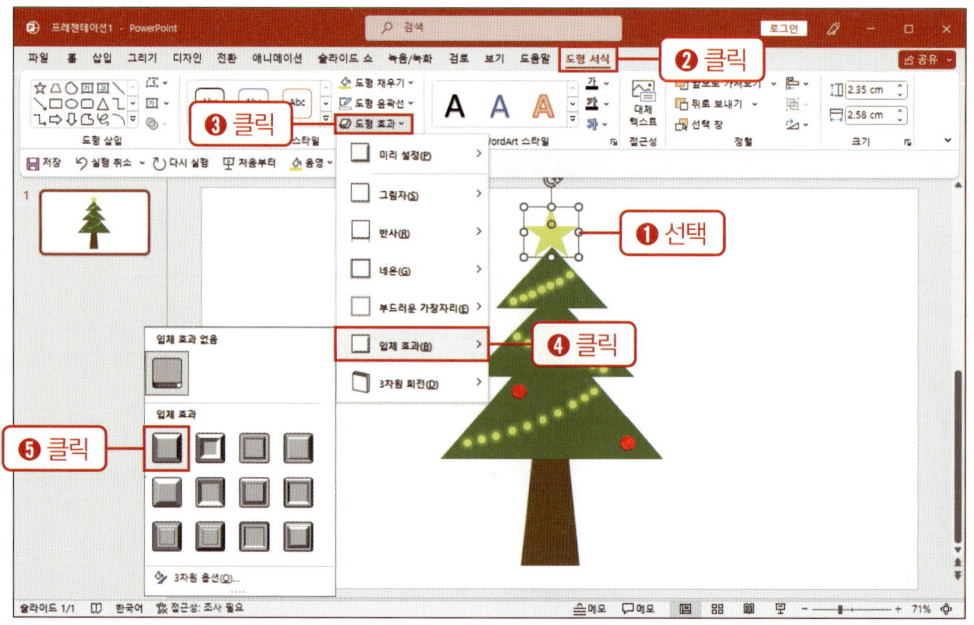

혼자 할 수 있어요!

01 도형을 삽입하고 네온 효과를 이용하여 그림과 같이 루돌프를 완성해 보세요.

• 완성 파일 : 07_루돌프_완성.pptx

Hint
- '순서도: 수행의 시작/종료', '눈물 방울', '타원', '곡선' 도형 이용
- 도형 채우기 및 도형 윤곽선, 네온 효과 임의 지정

02 도형을 삽입하고 네온 효과와 입체 효과를 이용하여 그림과 같이 우주선을 완성해 보세요.

• 완성 파일 : 07_우주선_완성.pptx

Hint
- '부분 원형', '타원' 도형 이용
- 도형 채우기 및 도형 윤곽선, 네온 효과 및 입체 효과 임의 지정

08 엄마의 핸드백 만들기

- 도형에 네온 효과를 지정해요.
- 다른 네온 색을 지정해요.

▶ 완성 파일 : 08_핸드백_완성.pptx

미션 1 도형에 네온 효과를 지정해 보아요.

① '사각형: 둥근 모서리(□)', '직사각형(□)', '액자(□)' 도형을 삽입한 후 크기와 위치를 조절하고 도형 채우기와 도형 윤곽선을 각각 지정하여 그림과 같이 핸드백의 몸체 부분을 만듭니다.

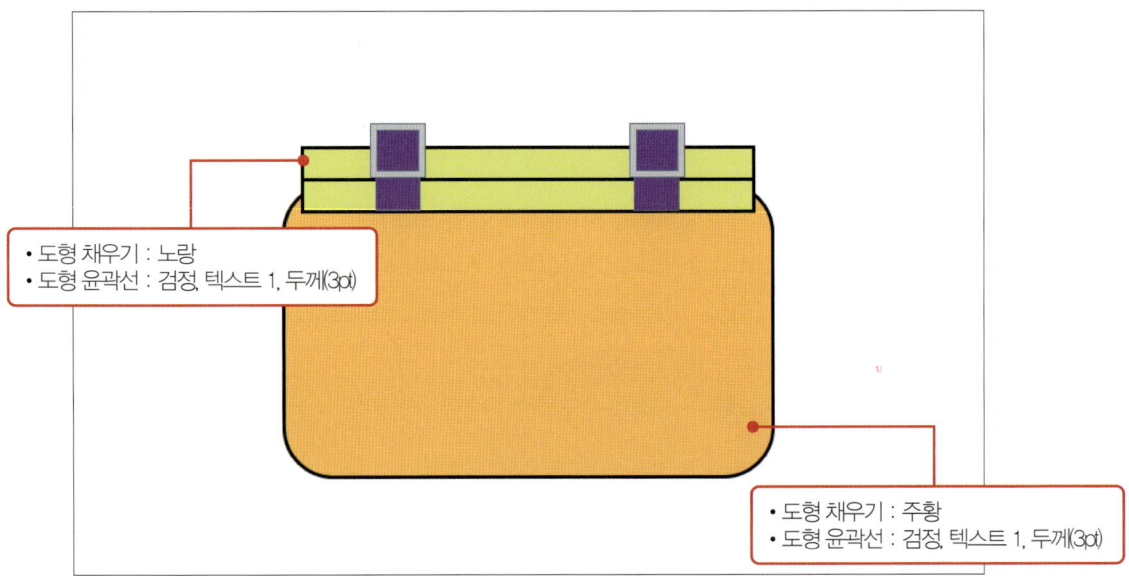

- 도형 채우기 : 노랑
- 도형 윤곽선 : 검정, 텍스트 1, 두께(3pt)

- 도형 채우기 : 주황
- 도형 윤곽선 : 검정, 텍스트 1, 두께(3pt)

❷ 핸드백 손잡이를 만들기 위해 '막힌 원호( )' 도형을 삽입하고 노란색 조절점( )을 드래그 하여 두께를 조절한 후 [도형 서식] 탭-[정렬] 그룹-[뒤로 보내기( )]-[맨 뒤로 보내기]를 클릭합니다.

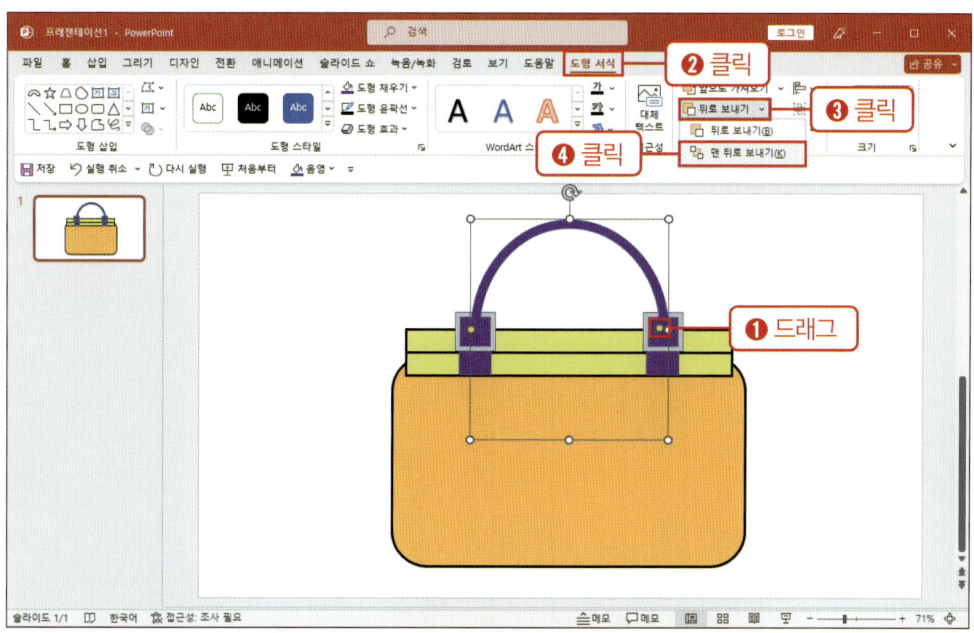

❸ 이어서 [도형 스타일] 그룹-[도형 효과]-[네온]-[네온: 11pt, 파랑, 강조색 1]을 클릭합니다.

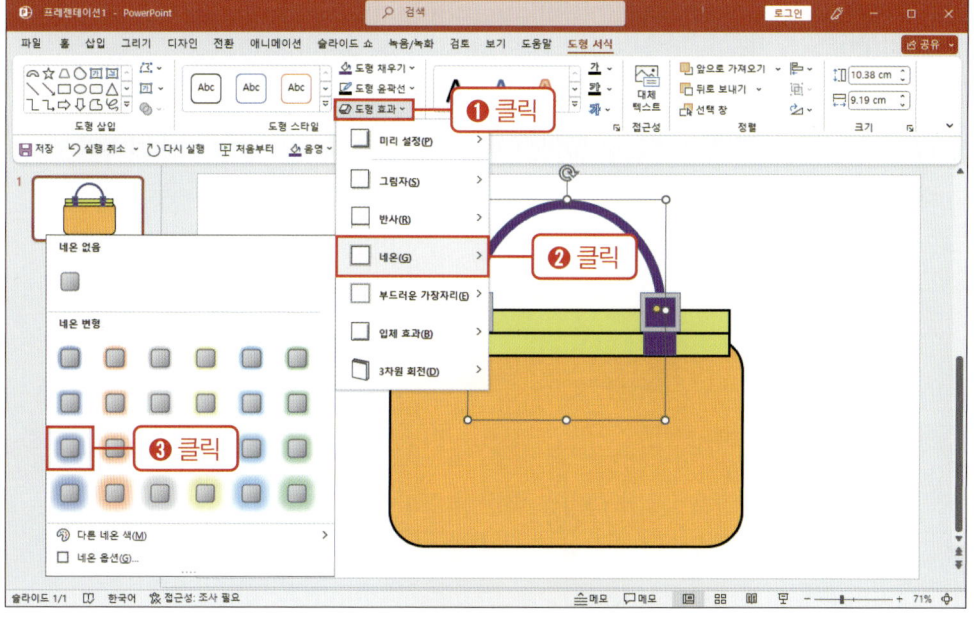

미션 2 도형에 다른 네온 색을 지정해 보아요.

❶ '직사각형(□)', '화살표: 갈매기형 수장(⌦)' 도형을 삽입하여 그림과 같이 핸드백 장식을 만든 후 도형 채우기와 도형 윤곽선을 지정합니다.

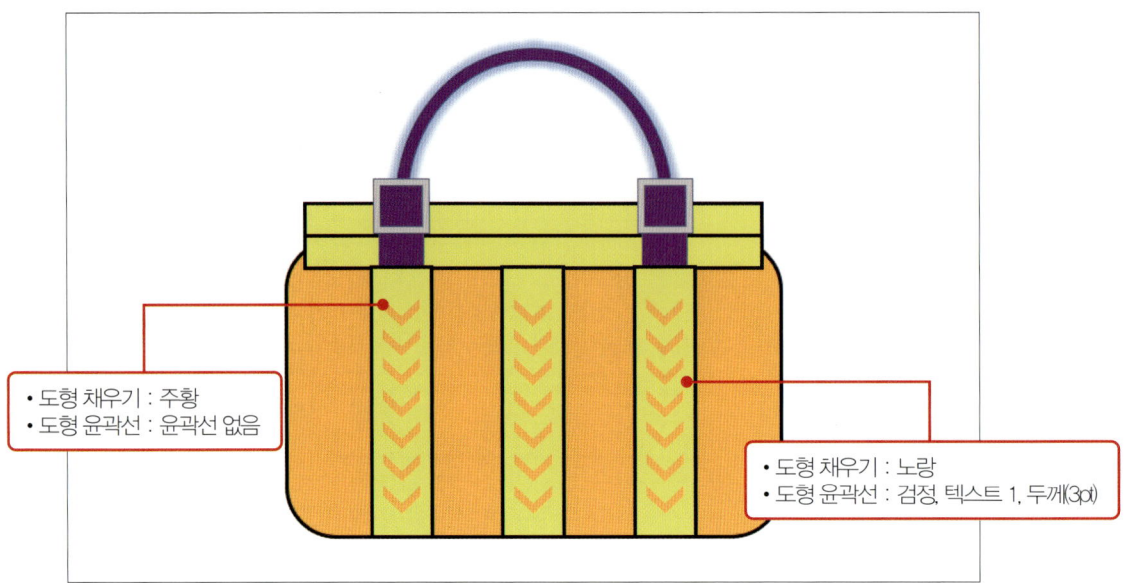

- 도형 채우기 : 주황
- 도형 윤곽선 : 윤곽선 없음

- 도형 채우기 : 노랑
- 도형 윤곽선 : 검정, 텍스트 1, 두께(3pt)

❷ Shift 를 누른 상태로 3개의 '직사각형(□)' 도형을 선택한 후 [도형 서식] 탭-[도형 스타일] 그룹-[도형 효과]-[네온]-[다른 네온 색]-[진한 파랑]을 클릭합니다.

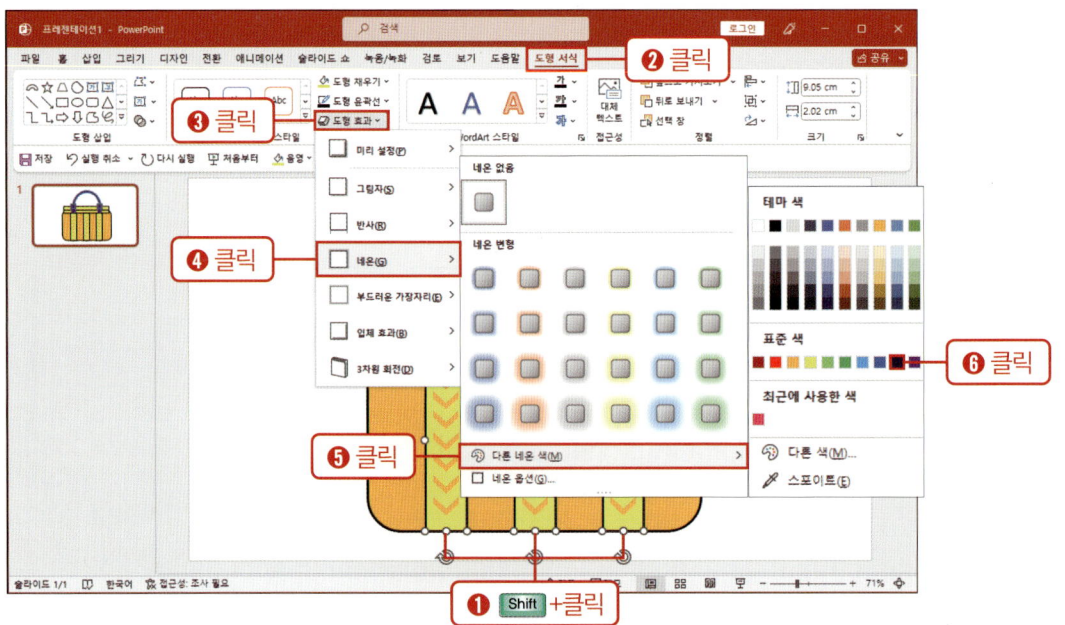

혼자 할 수 있어요!

01 도형을 삽입한 후 네온 효과를 이용하여 그림과 같이 립스틱을 완성해 보세요.

• 완성 파일 : 08_립스틱_완성.pptx

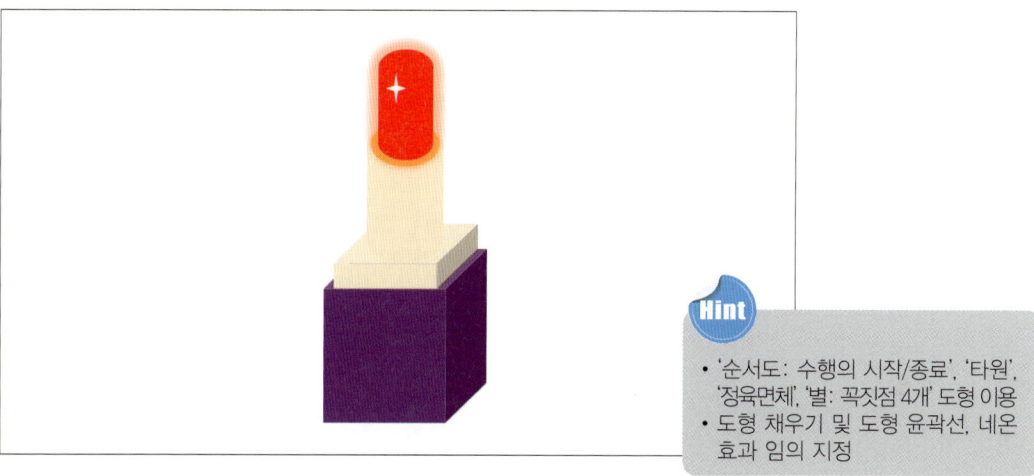

Hint
- '순서도: 수행의 시작/종료', '타원', '정육면체', '별: 꼭짓점 4개' 도형 이용
- 도형 채우기 및 도형 윤곽선, 네온 효과 임의 지정

02 도형을 삽입한 후 다른 네온 색 효과를 이용하여 그림과 같이 우산을 완성해 보세요.

• 완성 파일 : 08_우산_완성.pptx

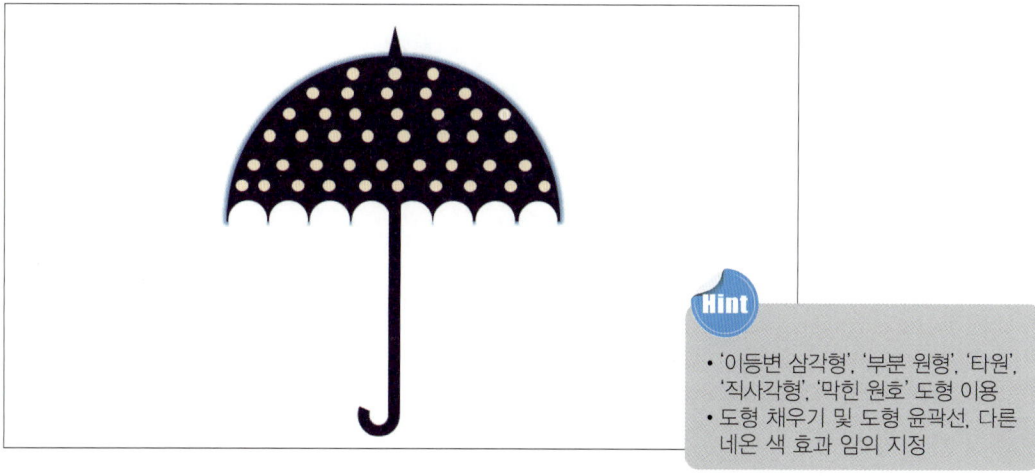

Hint
- '이등변 삼각형', '부분 원형', '타원', '직사각형', '막힌 원호' 도형 이용
- 도형 채우기 및 도형 윤곽선, 다른 네온 색 효과 임의 지정

09 우주 인공위성 만들기

학습목표
- 도형을 그룹화하여 하나로 묶어요.
- 도형에 대시 스타일을 지정해요.

▶ 완성 파일 : 09_인공위성_완성.pptx

미션 1 도형을 그룹화하여 하나로 묶어 보아요.

① 그림과 같이 도형을 삽입한 후 도형 채우기와 도형 윤곽선을 지정해 봅니다.

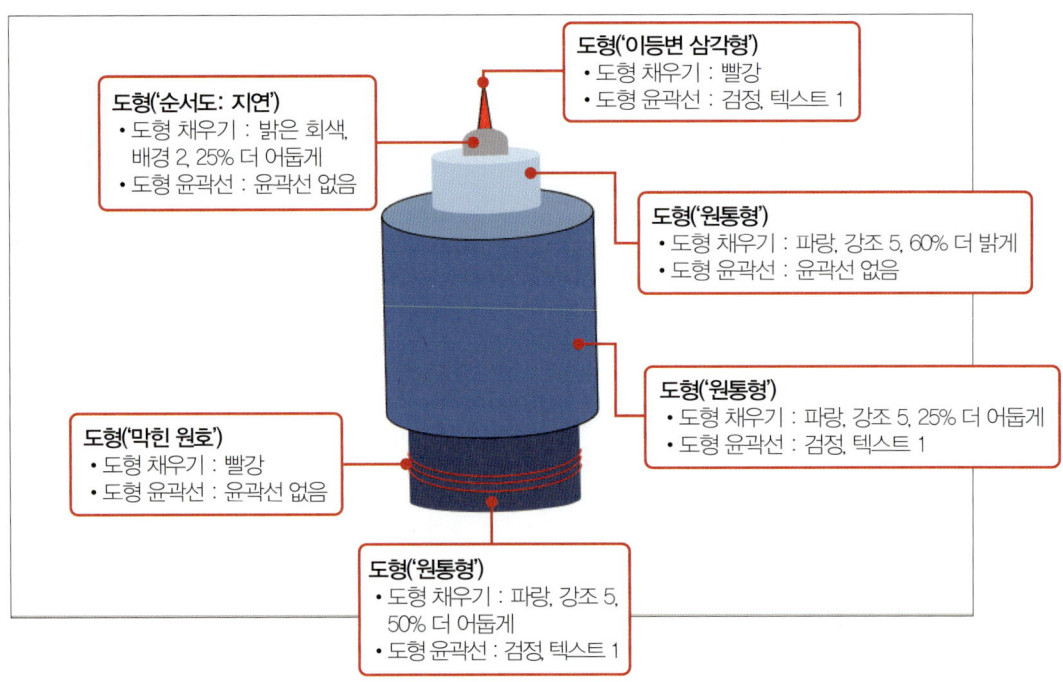

② 마우스를 드래그하여 삽입한 도형을 모두 선택한 후 [도형 서식] 탭-[정렬] 그룹-[그룹화()]-[그룹]을 클릭하여 하나의 개체로 만듭니다.

미션 2 도형에 대시 스타일을 지정해 보아요.

① 그룹으로 묶은 도형을 회전시킨 후 '선()' 도형을 그림과 같이 삽입하고 [도형 서식] 탭–[도형 스타일] 그룹–[도형 윤곽선]–[검정, 텍스트 1], [두께]–[6pt]로 지정합니다.

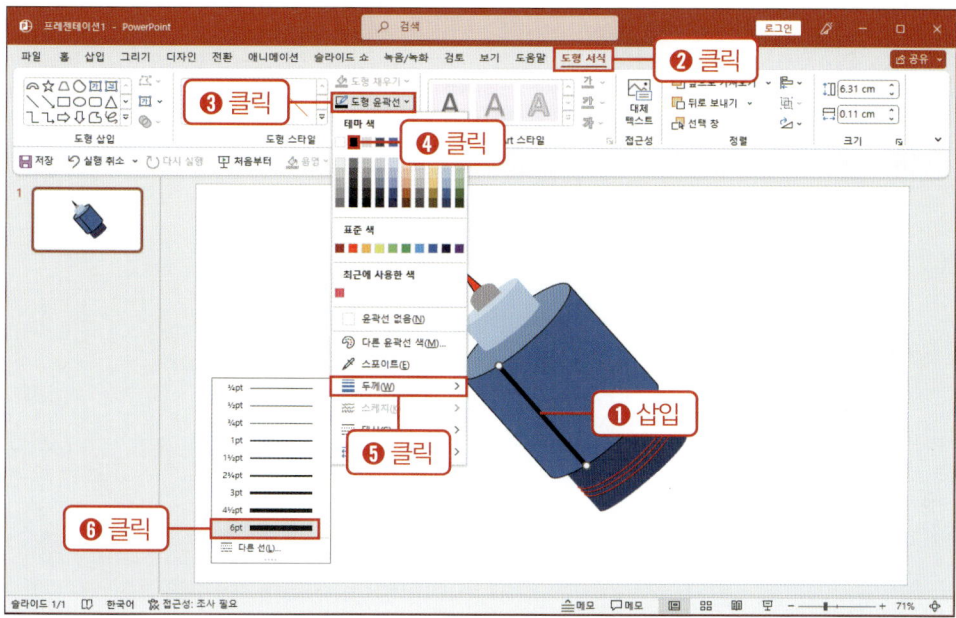

② 이어서 [도형 윤곽선]–[대시]–[사각 점선]을 선택합니다.

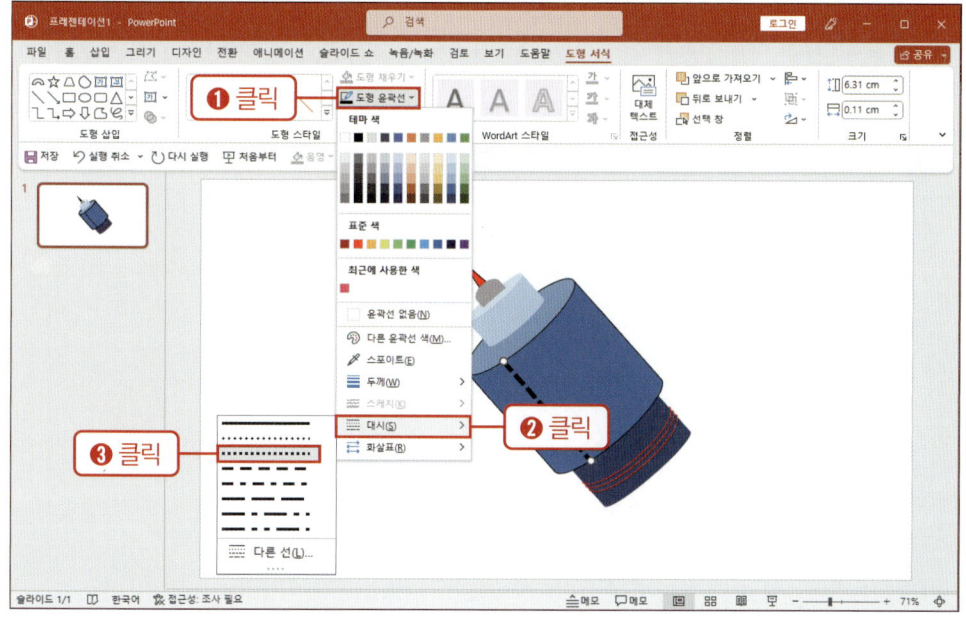

❸ '평행 사변형(▱)', '선(╲)' 도형을 그림과 같이 삽입한 후 '평행 사변형(▱)' 도형을 선택하고 [도형 서식] 탭-[도형 스타일] 그룹-[도형 채우기]-[노랑], [도형 윤곽선]-[검정, 텍스트 1]로 지정합니다. 이어서 '선(╲)' 도형을 선택한 후 [도형 윤곽선]-[검정, 텍스트 1], [두께]-[2¼pt], [대시]-[둥근 점선]으로 지정합니다.

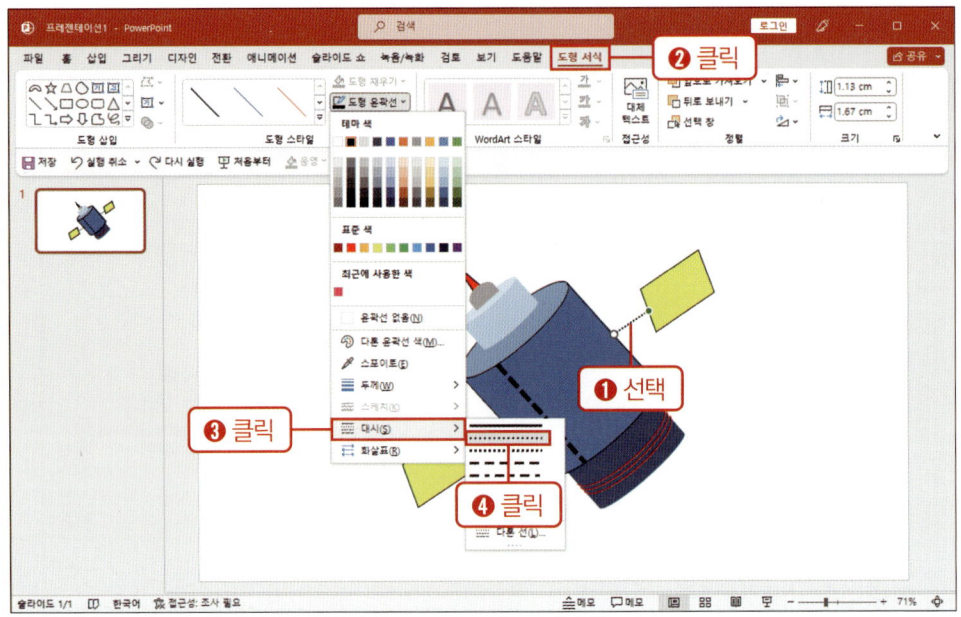

❹ '타원(○)' 도형을 삽입한 후 [도형 서식] 탭-[도형 스타일] 그룹-[도형 채우기]-[빨강], [도형 윤곽선]-[윤곽선 없음]으로 지정한 후 [도형 효과]-[네온]-[네온: 5pt, 주황, 강조색 2]를 클릭합니다.

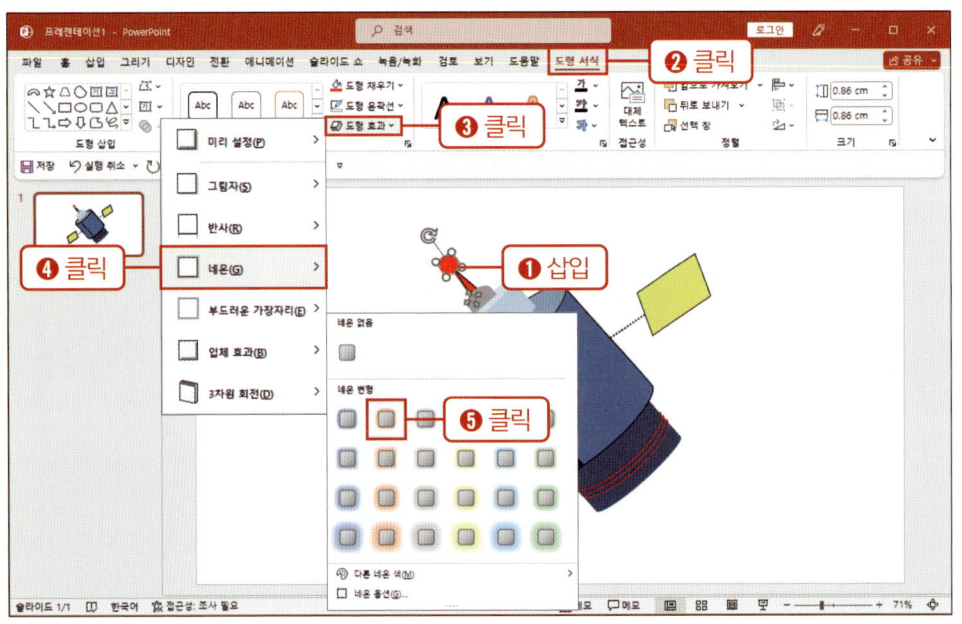

혼자 할 수 있어요!

01 도형을 삽입한 후 도형을 그룹화하고 다시 스타일을 이용하여 그림과 같이 로켓을 완성해 보세요.

• 완성 파일 : 09_로켓_완성.pptx

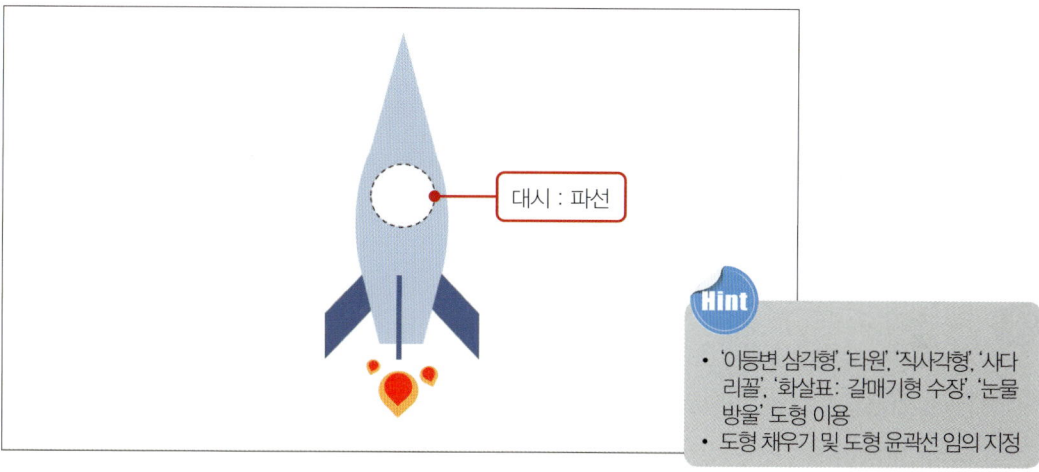

대시 : 파선

Hint
- '이등변 삼각형', '타원', '직사각형', '사다리꼴', '화살표: 갈매기형 수장', '눈물 방울' 도형 이용
- 도형 채우기 및 도형 윤곽선 임의 지정

02 도형을 삽입한 후 도형을 그룹화하고 다시 스타일을 이용하여 그림과 같이 새집을 완성해 보세요.

• 완성 파일 : 09_새집_완성.pptx

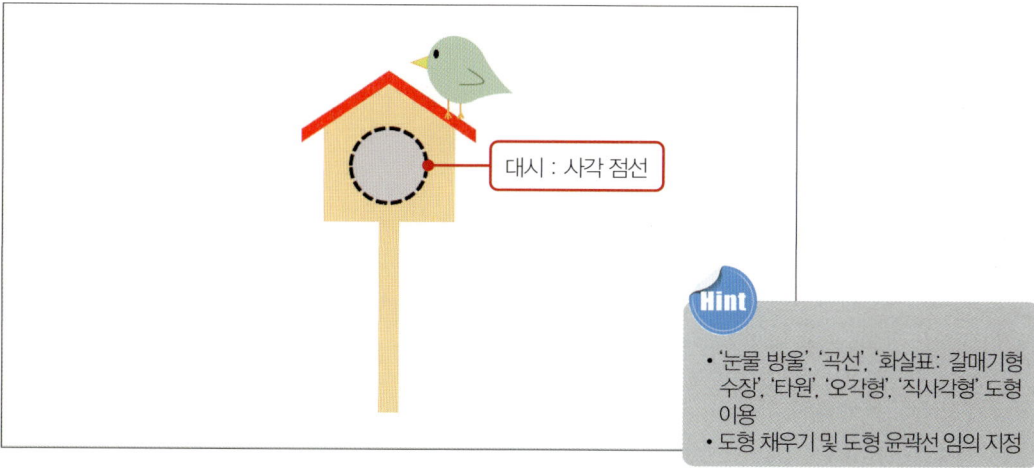

대시 : 사각 점선

Hint
- '눈물 방울', '곡선', '화살표: 갈매기형 수장', '타원', '오각형', '직사각형' 도형 이용
- 도형 채우기 및 도형 윤곽선 임의 지정

10 맛있는 감자튀김 만들기

학 습 목 표
- 도형에 3차원 회전을 지정해요.
- 도형에 미리 설정을 지정해요.

▶ 완성 파일 : 10_감자튀김_완성.pptx

미션 1 도형에 3차원 회전을 지정해 보아요.

 '순서도: 지연(D)', '정육면체(⌧)' 도형을 삽입한 후 도형 채우기와 도형 윤곽선을 각각 지정합니다. 이어서 '순서도: 지연(D)' 도형을 그림과 같이 회전시키고 '정육면체(⌧)' 도형의 모양 조절점(●)을 드래그하여 모양을 변경합니다.

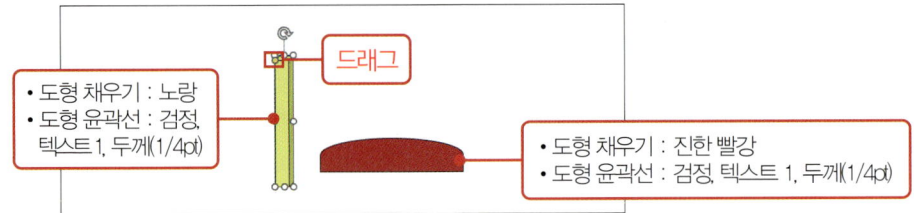

- 도형 채우기 : 노랑
- 도형 윤곽선 : 검정, 텍스트 1, 두께(1/4pt)

드래그

- 도형 채우기 : 진한 빨강
- 도형 윤곽선 : 검정, 텍스트 1, 두께(1/4pt)

② '정육면체(⌧)' 도형을 선택한 후 [도형 서식] 탭-[도형 스타일] 그룹-[도형 효과]-[3차원 회전]-[등각: 왼쪽을 아래로]를 클릭합니다.

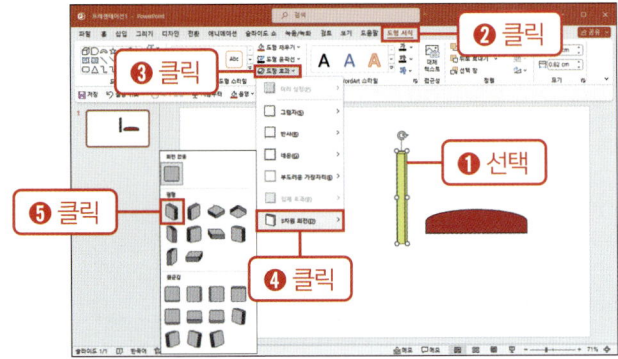

③ 3차원 회전 효과를 적용한 '정육면체(⬚)' 도형을 그림과 같이 여러 개 복사한 후 회전시키고 위치를 조절합니다.

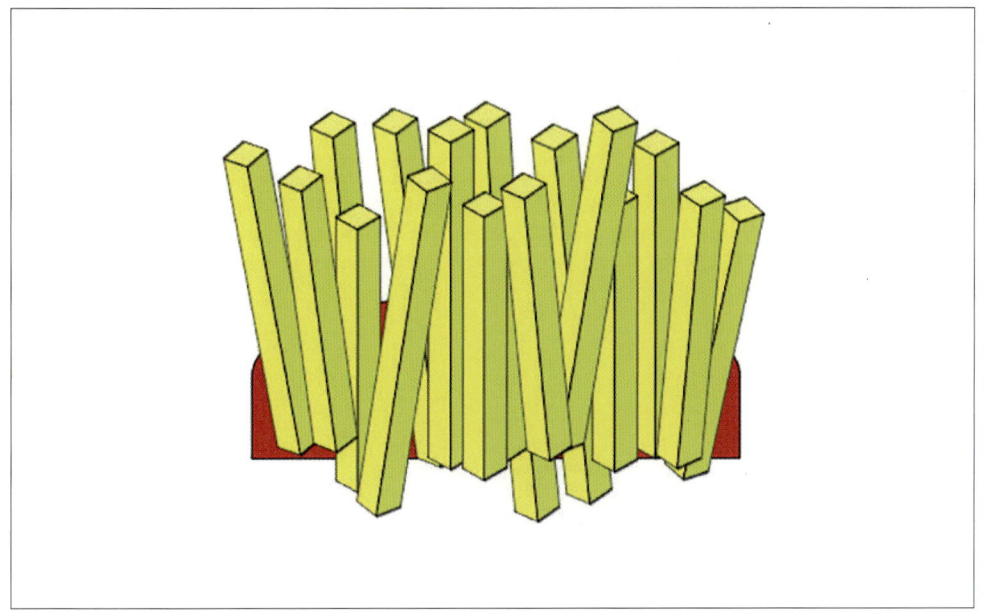

④ '순서도: 저장 데이터(⬚)' 도형을 삽입하여 회전시키고 그림과 같이 위치를 조절한 후 [도형 서식] 탭-[도형 스타일] 그룹-[도형 채우기]-[빨강], [도형 윤곽선]-[검정, 텍스트 1]로 지정하고 [도형 채우기]-[그라데이션]-[어두운 그라데이션]-[선형 대각선 – 왼쪽 아래에서 오른쪽 위로]를 클릭합니다.

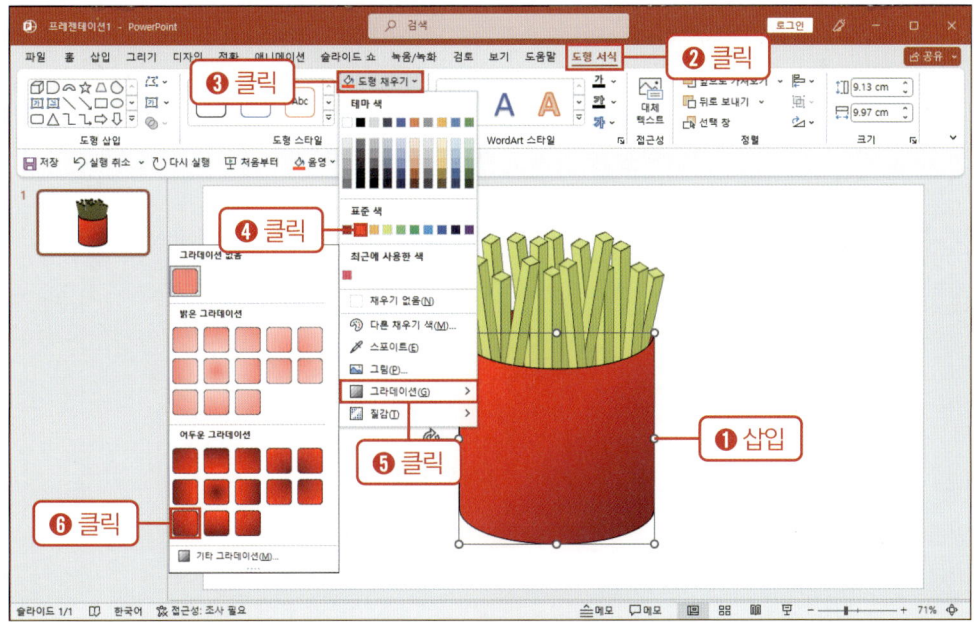

미션 2 도형에 미리 설정을 지정해 보아요.

❶ '부분 원형( )' 도형을 삽입하고 도형 채우기와 도형 윤곽선을 지정한 후 그림과 같이 크기와 위치를 조절합니다.

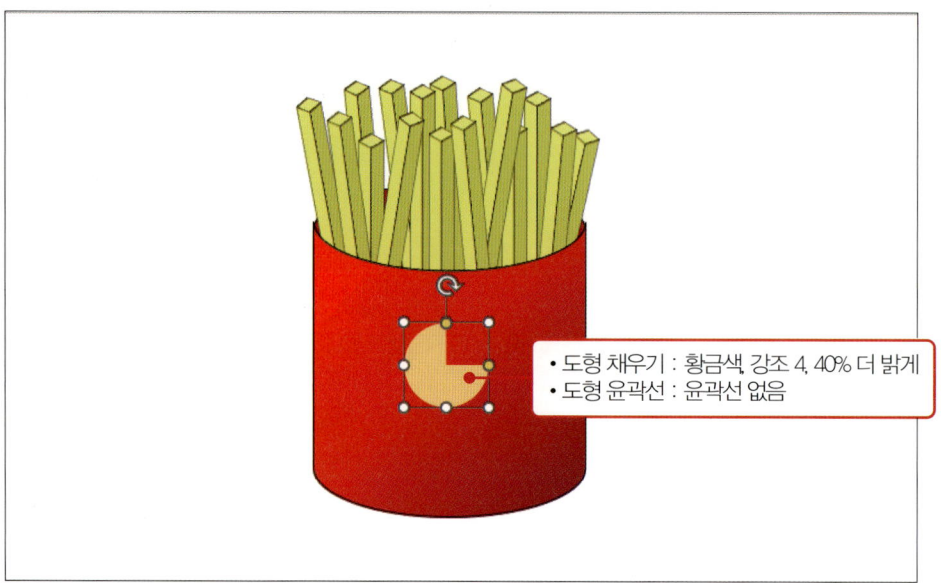

- 도형 채우기 : 황금색 강조 4, 40% 더 밝게
- 도형 윤곽선 : 윤곽선 없음

❷ '부분 원형( )' 도형을 선택한 후 [도형 서식] 탭-[도형 스타일] 그룹-[도형 효과]-[미리 설정]-[기본 설정 1]을 클릭합니다.

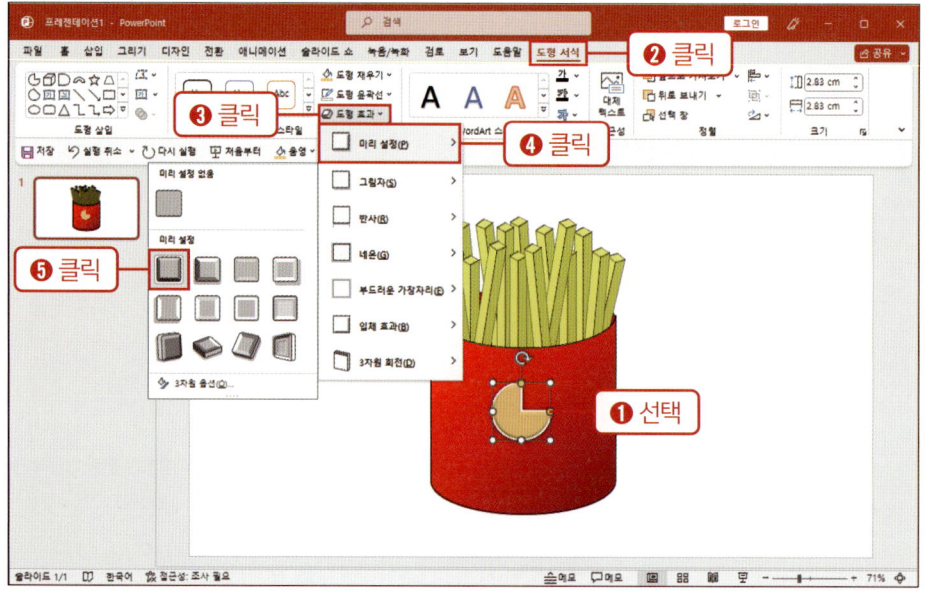

혼자 할 수 있어요!

01 도형을 삽입하고 미리 설정과 3차원 회전을 이용하여 그림과 같이 이정표를 완성해 보세요.

• 완성 파일 : 10_이정표_완성.pptx

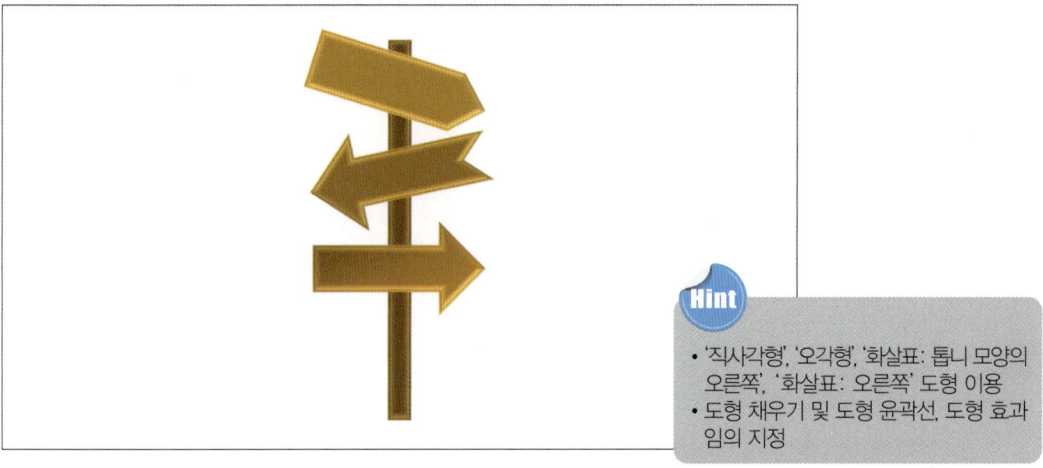

Hint
- '직사각형', '오각형', '화살표: 톱니 모양의 오른쪽', '화살표: 오른쪽' 도형 이용
- 도형 채우기 및 도형 윤곽선, 도형 효과 임의 지정

02 도형을 삽입하고 미리 설정을 이용하여 그림과 같이 공책을 완성해 보세요.

• 완성 파일 : 10_공책_완성.pptx

Hint
- '직사각형', '선', '타원', '정육면체' 도형 이용
- 도형 채우기 및 도형 윤곽선, 도형 효과 임의 지정

11 알록달록 무지개 만들기

- 그라데이션 중지점 색을 변경해요.
- 그라데이션 중지점을 추가해요.

▶ 완성 파일 : 11_무지개_완성.pptx

미션 1 그라데이션 중지점 색을 변경해 보아요.

1. '막힌 원호(⌒)' 도형을 삽입한 후 [도형 서식] 탭-[도형 스타일] 그룹-[도형 채우기]-[그라데이션]-[기타 그라데이션]을 클릭합니다.

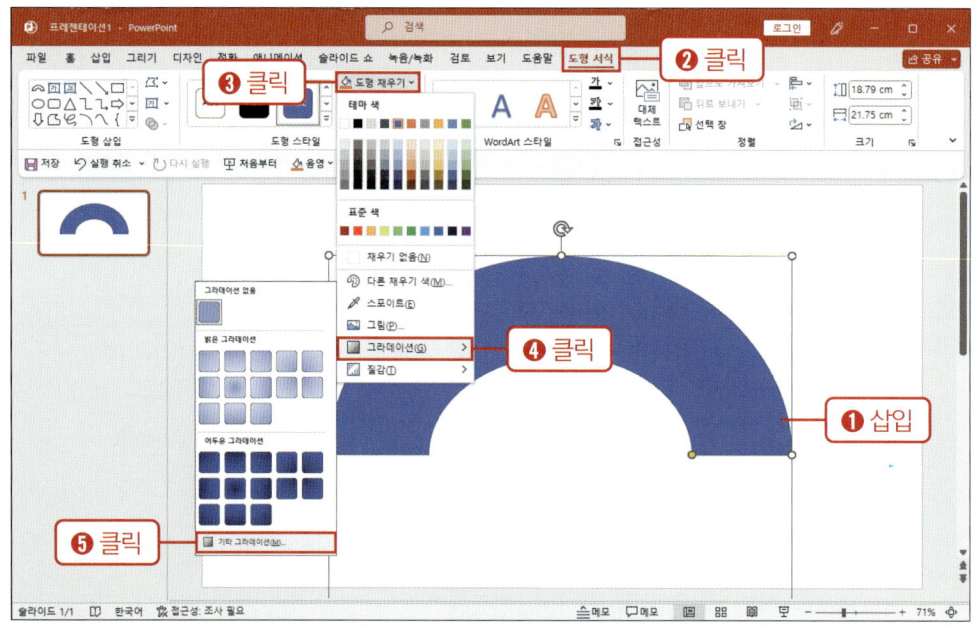

Tip 삽입한 '막힌 원호(⌒)' 도형을 마우스 오른쪽 단추로 클릭한 후 [도형 서식]을 클릭해도 돼요.

❷ 화면 오른쪽에 [도형 서식] 창이 나타나면 [채우기 및 선(🪣)]–[채우기]–[그라데이션 채우기]를 클릭합니다.

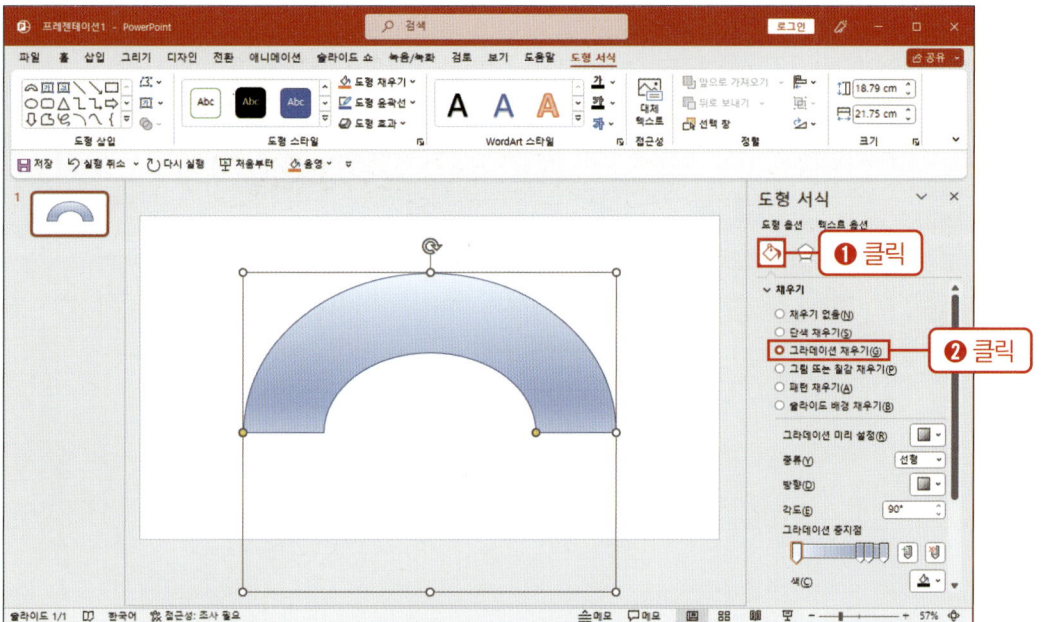

❸ [색]에서 '빨강'을 선택한 후 도형의 색상이 그라데이션으로 변경된 것을 확인합니다.

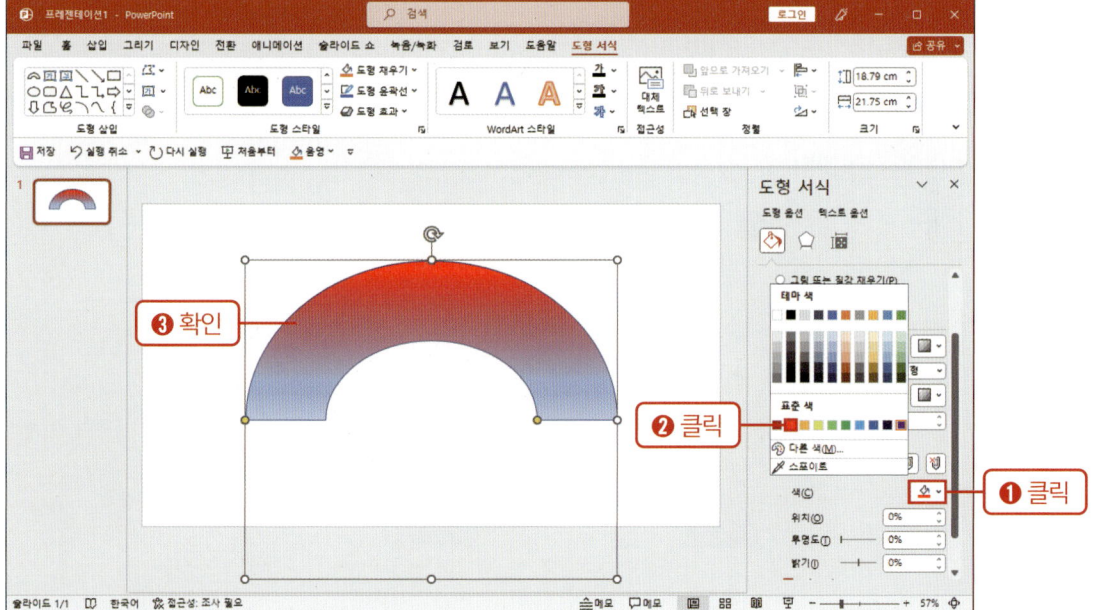

 **그라데이션 중지점을 추가해 보아요.**

① [그라데이션 중지점 추가(🗐)] 단추를 두 번 클릭하여 중지점을 2개 추가합니다.

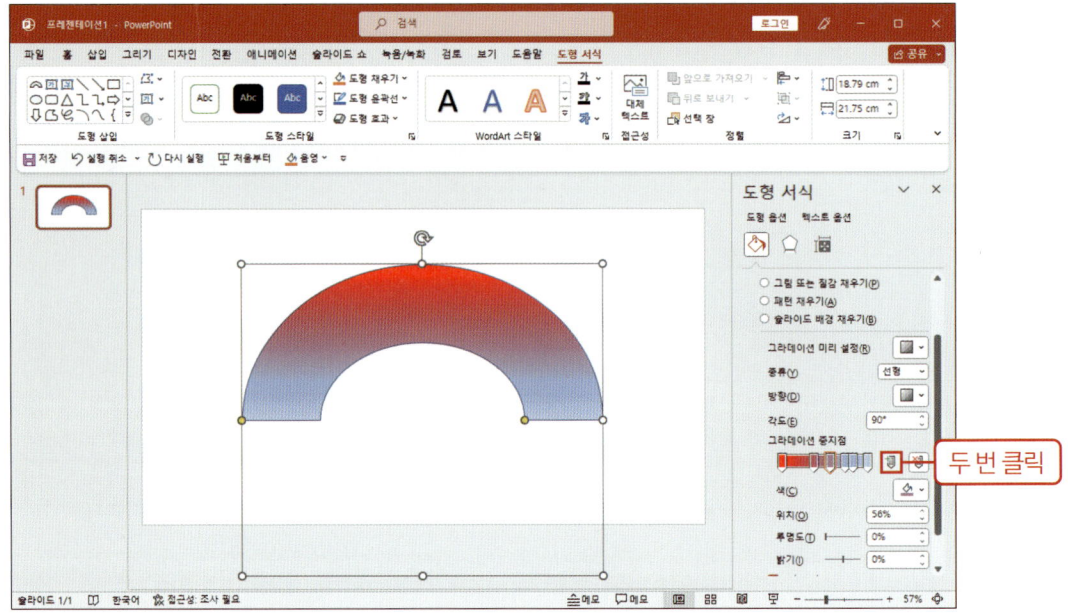

② 중지점이 추가되면 중지점의 색상을 '주황', '노랑', '연한 녹색', '파랑', '자주'로 각각 변경합니다.

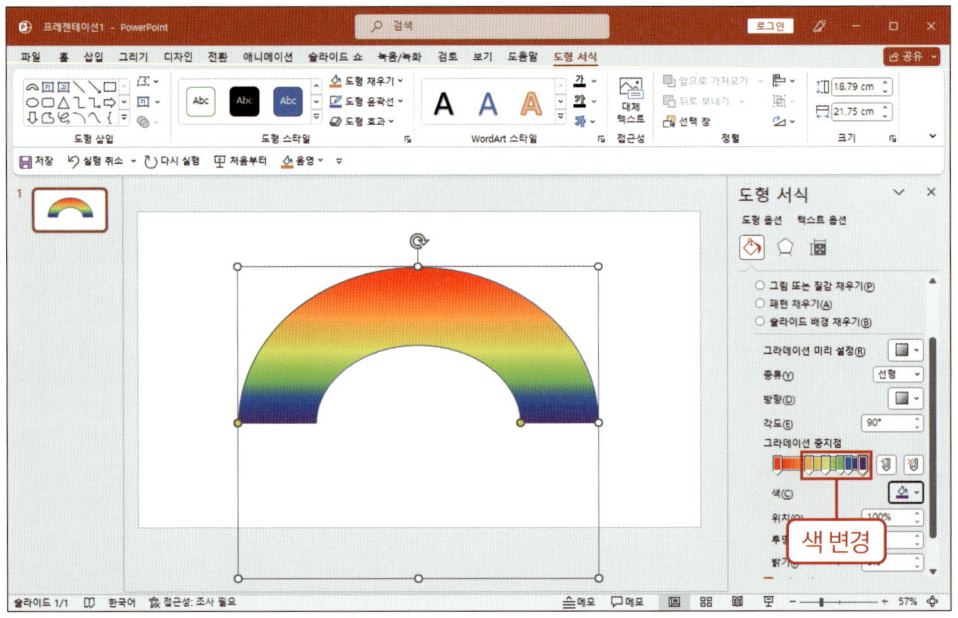

❸ 각 중지점의 위치를 조절하여 그라데이션을 설정한 후 [닫기(X)] 단추를 클릭합니다.

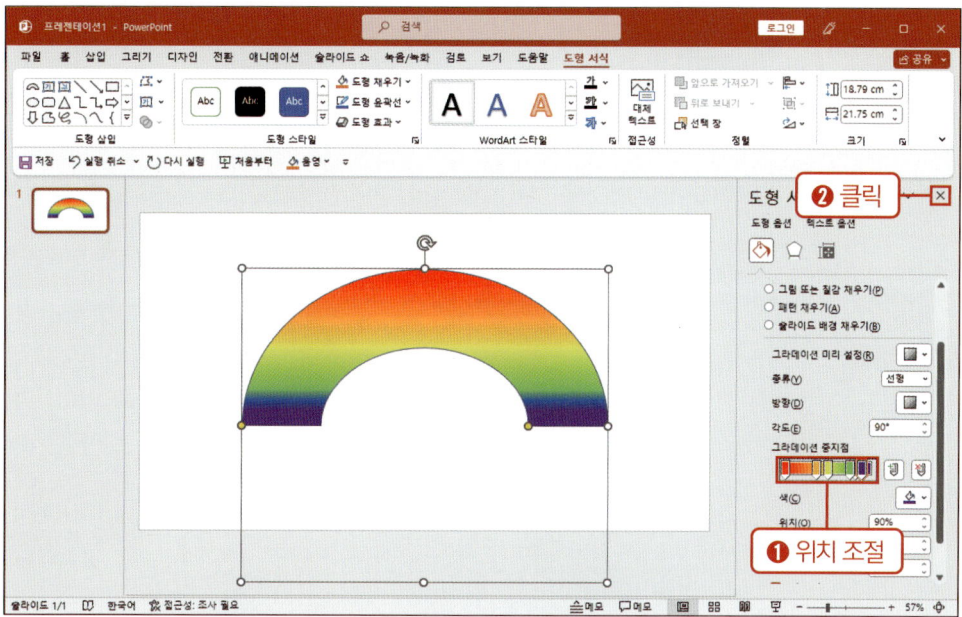

❹ 이어서 그림과 같이 '구름(⌘)' 도형을 삽입한 후 도형 채우기와 도형 윤곽선을 지정합니다.

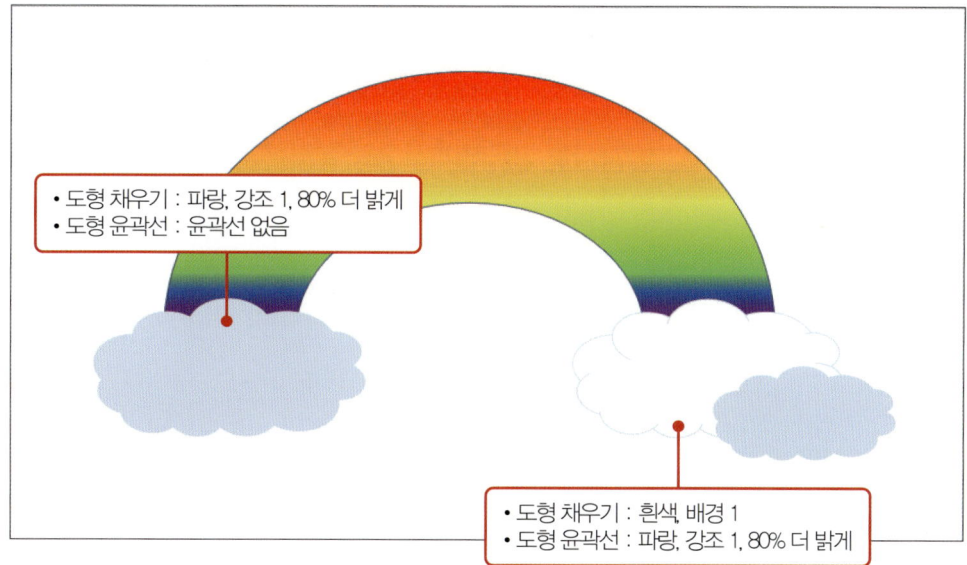

• 도형 채우기 : 파랑, 강조 1, 80% 더 밝게
• 도형 윤곽선 : 윤곽선 없음

• 도형 채우기 : 흰색, 배경 1
• 도형 윤곽선 : 파랑, 강조 1, 80% 더 밝게

11 혼자 할 수 있어요!

01 도형을 삽입하고 그라데이션 중지점을 이용하여 그림과 같이 블루레몬에이드를 완성해 보세요.

• 완성 파일 : 11_블루레몬에이드_완성.pptx

Hint
- '사각형: 둥근 모서리', '사다리꼴' 도형 이용
- 도형 채우기 및 도형 윤곽선, 도형 효과 임의 지정

02 도형을 삽입하고 그라데이션 중지점을 이용하여 그림과 같이 반지를 완성해 보세요.

• 완성 파일 : 11_반지_완성.pptx

Hint
- '원형: 비어 있음', '하트' 도형 이용
- 도형 채우기 및 도형 윤곽선, 도형 효과 임의 지정

12 꽃밭의 나비 만들기

학습목표
- 도형의 투명도를 변경해요.
- 도형에 다른 채우기 색을 지정해요.

▶ 완성 파일 : 12_나비_완성.pptx

 도형의 투명도를 변경해 보아요.

① '타원(○)' 도형을 6개 삽입하여 그림과 같이 꽃송이 모양을 만든 후 도형 채우기와 도형 윤곽선을 지정합니다. 같은 방법으로 '타원(○)' 도형을 삽입하여 꽃송이를 2개 더 만든 후 도형 채우기와 도형 윤곽선을 지정합니다.

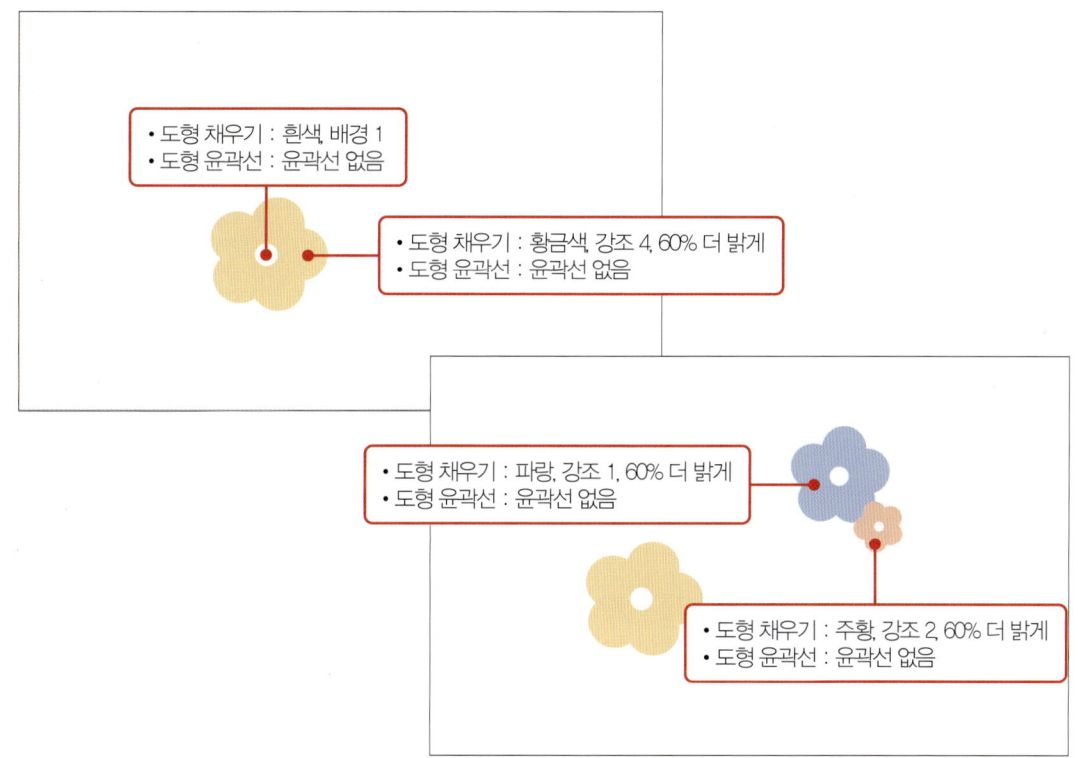

- 도형 채우기 : 흰색, 배경 1
- 도형 윤곽선 : 윤곽선 없음

- 도형 채우기 : 황금색, 강조 4, 60% 더 밝게
- 도형 윤곽선 : 윤곽선 없음

- 도형 채우기 : 파랑, 강조 1, 60% 더 밝게
- 도형 윤곽선 : 윤곽선 없음

- 도형 채우기 : 주황, 강조 2, 60% 더 밝게
- 도형 윤곽선 : 윤곽선 없음

❷ '눈물 방울( )' 도형을 그림과 같이 삽입하고 도형을 마우스 오른쪽 단추로 클릭한 후 [도형 서식]을 클릭합니다.

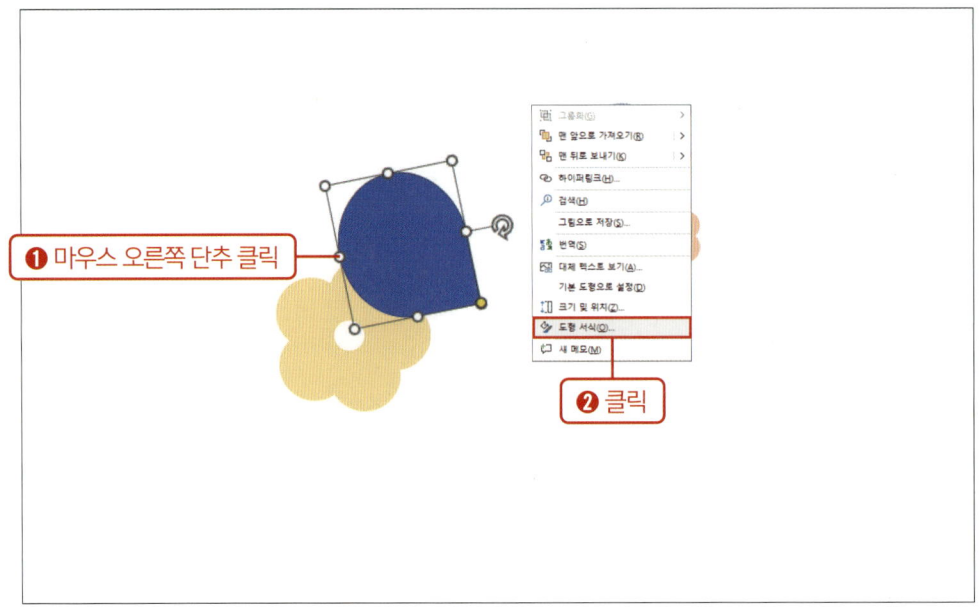

❸ [도형 서식] 창이 나타나면 [채우기 및 선( )]-[채우기]-[단색 채우기]-[색]-[자주]를 선택합니다.

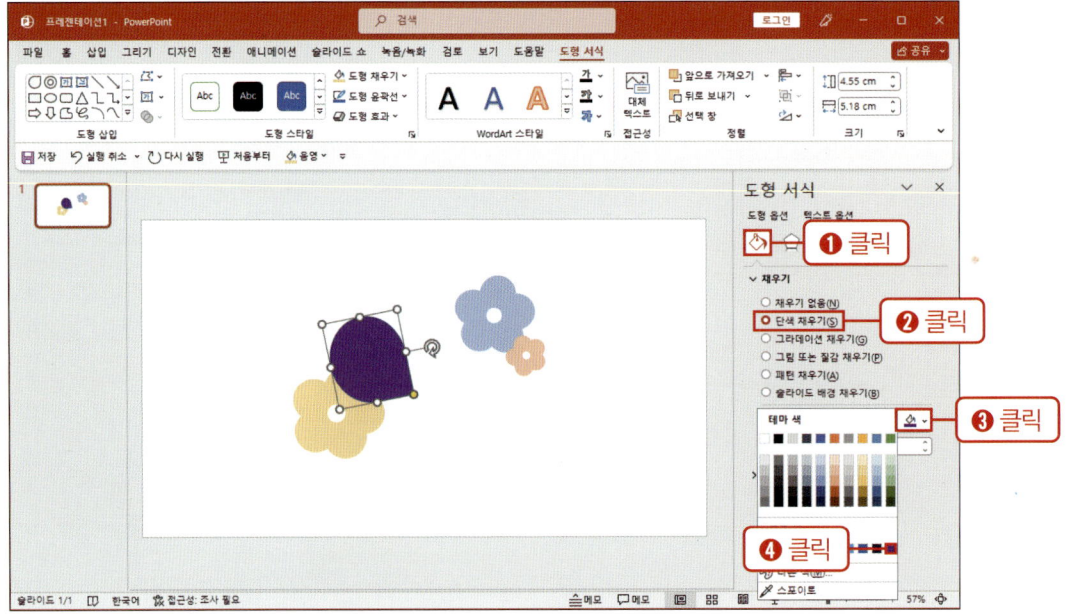

④ 이어서 투명도를 '30%'로 설정한 후 [선]-[선 없음]을 클릭합니다.

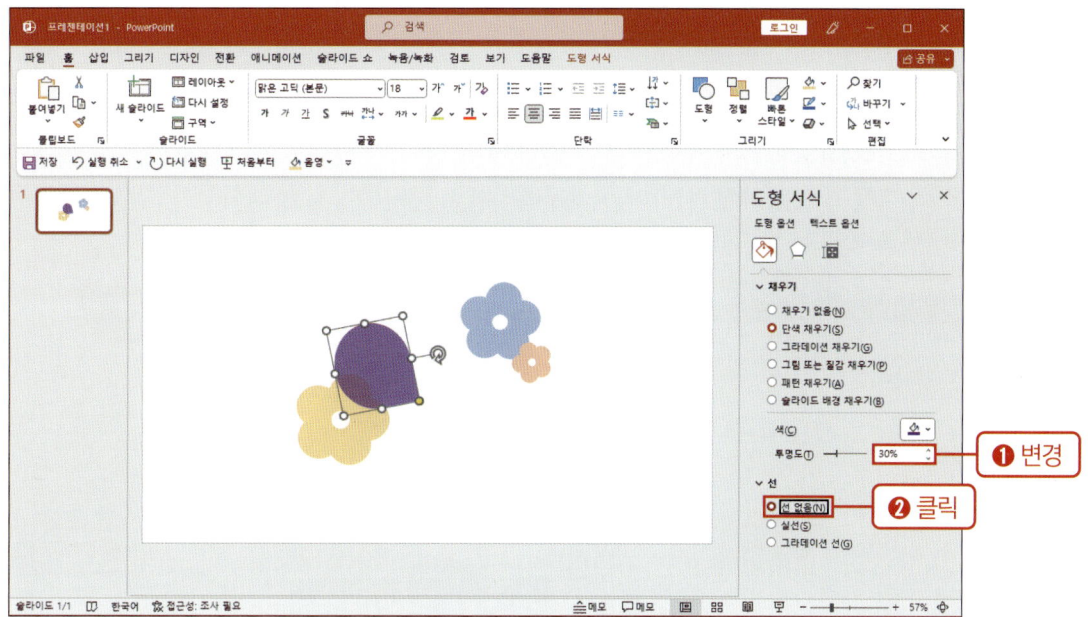

⑤ Ctrl 을 누른 상태로 '눈물 방울(◯)' 도형을 드래그하여 복사한 후 복사된 '눈물 방울(◯)' 도형을 선택하고 [도형 서식] 탭-[정렬] 그룹-[회전(△)]-[좌우 대칭]을 클릭합니다.

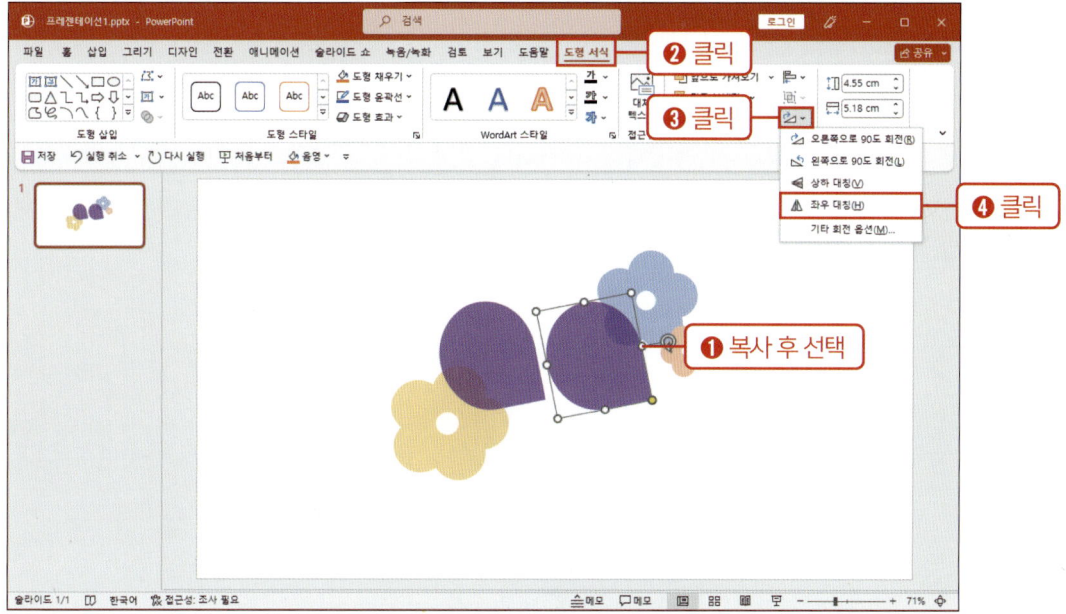

미션 2 도형에 다른 채우기 색을 지정해 보아요.

1 Ctrl 을 누른 상태로 '눈물 방울(◐)' 도형을 드래그하여 복사한 후 그림과 같이 회전시키고 크기를 조절합니다. 이어서 복사된 '눈물 방울(◐)' 도형을 선택하고 [도형 서식] 탭-[도형 스타일] 그룹-[도형 채우기]-[다른 채우기 색]을 클릭하여 [색] 대화상자가 나타나면 [사용자 지정] 탭을 클릭한 후 원하는 색상을 선택하고 [확인] 단추를 클릭합니다.

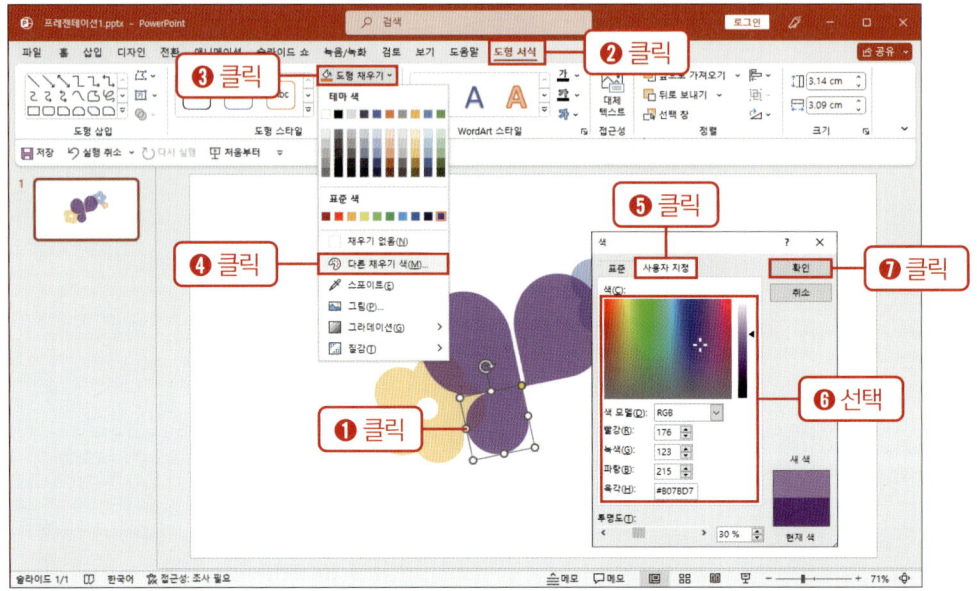

2 다른 채우기 색이 적용된 '눈물 방울(◐)' 도형을 복사하여 회전시킨 후 그림과 같이 '타원(◯)' 도형과 '자유형: 자유 곡선(✐)' 도형을 이용하여 나비의 몸통과 더듬이를 만들고 도형 채우기와 도형 윤곽선을 지정합니다.

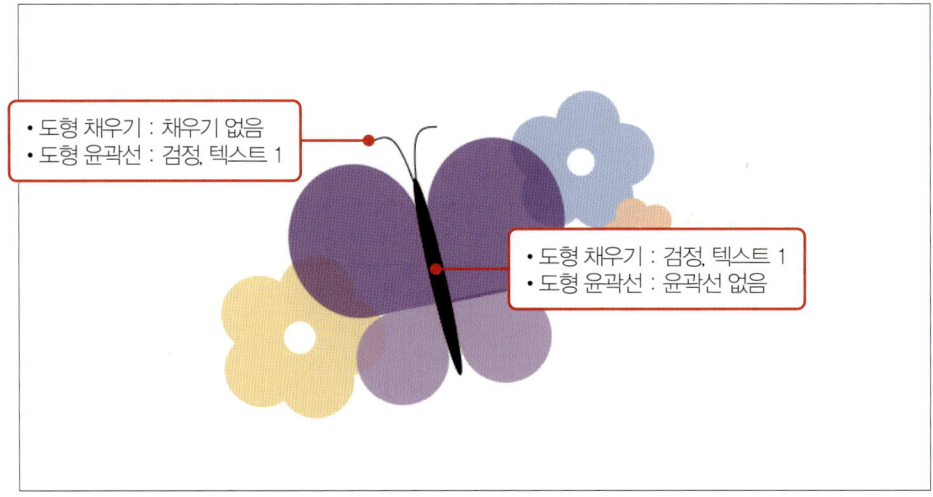

혼자 할 수 있어요!

01 도형을 삽입하고 도형의 투명도를 설정하여 그림과 같이 딸기잼 통을 완성해 보세요.

• 완성 파일 : 12_딸기잼_완성.pptx

Hint
• '사각형: 둥근 모서리', '별: 꼭짓점 6개', '눈물 방울', '타원' 도형 이용
• 도형 채우기 및 도형 윤곽선, 투명도 임의 지정

02 도형을 삽입하고 도형의 투명도를 설정하여 그림과 같이 선글라스를 완성해 보세요.

• 완성 파일 : 12_선글라스_완성.pptx

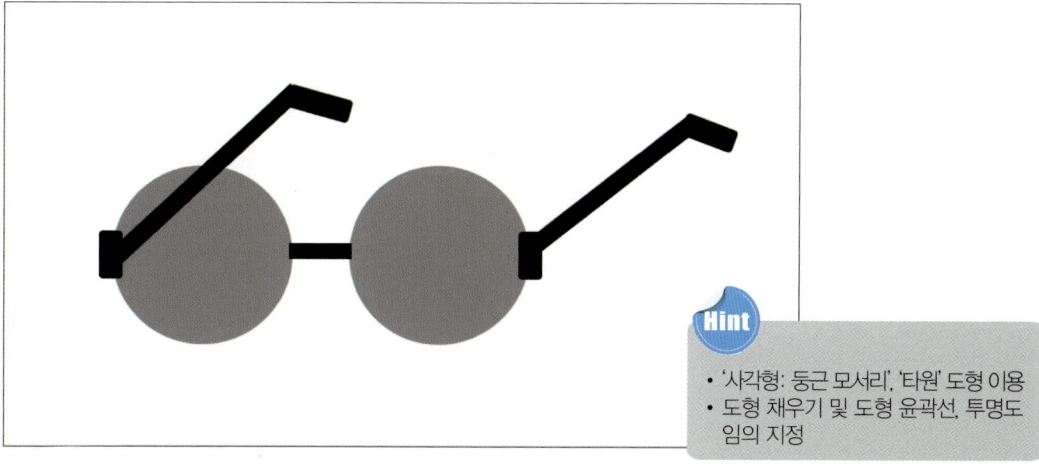

Hint
• '사각형: 둥근 모서리', '타원' 도형 이용
• 도형 채우기 및 도형 윤곽선, 투명도 임의 지정

13 따뜻한 눈사람 만들기

학습목표
- 부드러운 가장자리 효과를 지정해요.
- 도형에 그림자 효과를 지정해요.

▶ 완성 파일 : 13_눈사람_완성.pptx

 **도형에 부드러운 가장자리 효과를 지정해 보아요.**

① '타원(◯)' 도형을 삽입한 후 도형 채우기와 도형 윤곽선을 지정합니다. 이어서 [도형 서식] 탭-[도형 스타일] 그룹-[도형 효과]-[부드러운 가장자리]-[2.5 포인트]를 선택합니다.

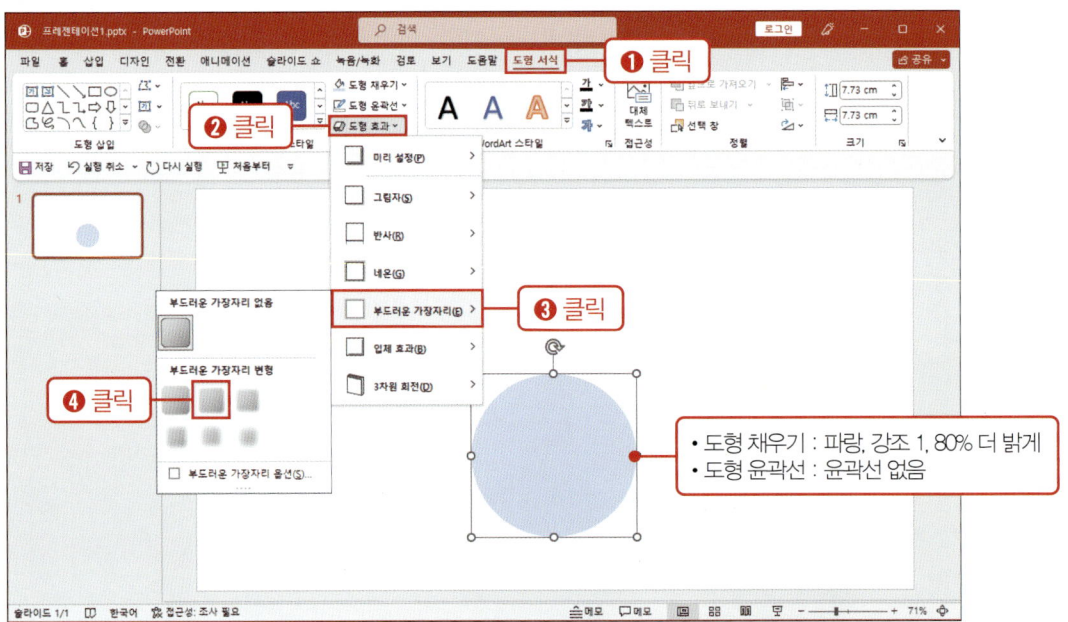

- 도형 채우기 : 파랑, 강조 1, 80% 더 밝게
- 도형 윤곽선 : 윤곽선 없음

② '타원(○)' 도형을 선택하고 Ctrl 을 누른 상태로 드래그하여 복사한 후 그림과 같이 크기와 위치를 조절합니다.

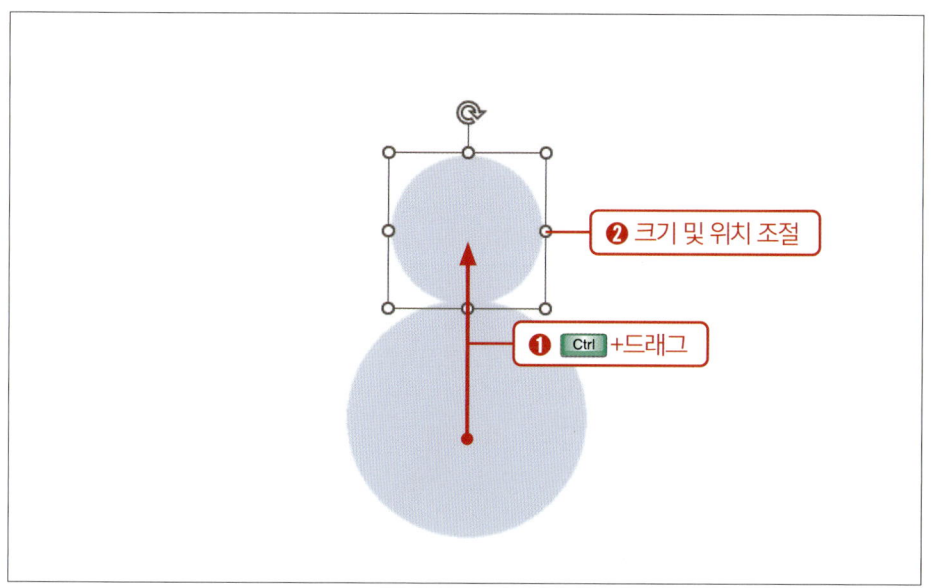

③ '순서도: 저장 데이터(◰)', '사각형: 둥근 모서리(◻)', '이등변 삼각형(△)' 도형을 삽입하여 그림과 같이 크기와 위치를 조절하고 Shift 를 누른 상태로 각 도형을 선택한 후 [도형 서식] 탭-[도형 스타일] 그룹-[도형 채우기]-[빨강], [도형 윤곽선]-[윤곽선 없음]으로 지정합니다.

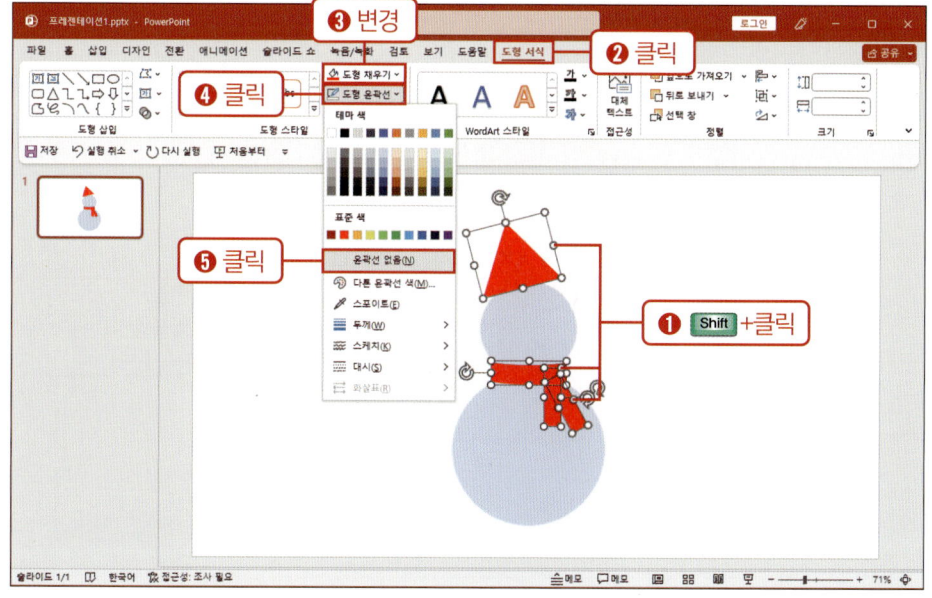

④ '순서도: 수행의 시작/종료(◯)', '타원(◯)' 도형을 삽입하고 그림과 같이 크기와 위치를 조절한 후 도형 채우기와 도형 윤곽선을 지정합니다. 이어서 [도형 서식] 탭-[도형 스타일] 그룹-[도형 효과]-[부드러운 가장자리]-[2.5 포인트]를 선택합니다.

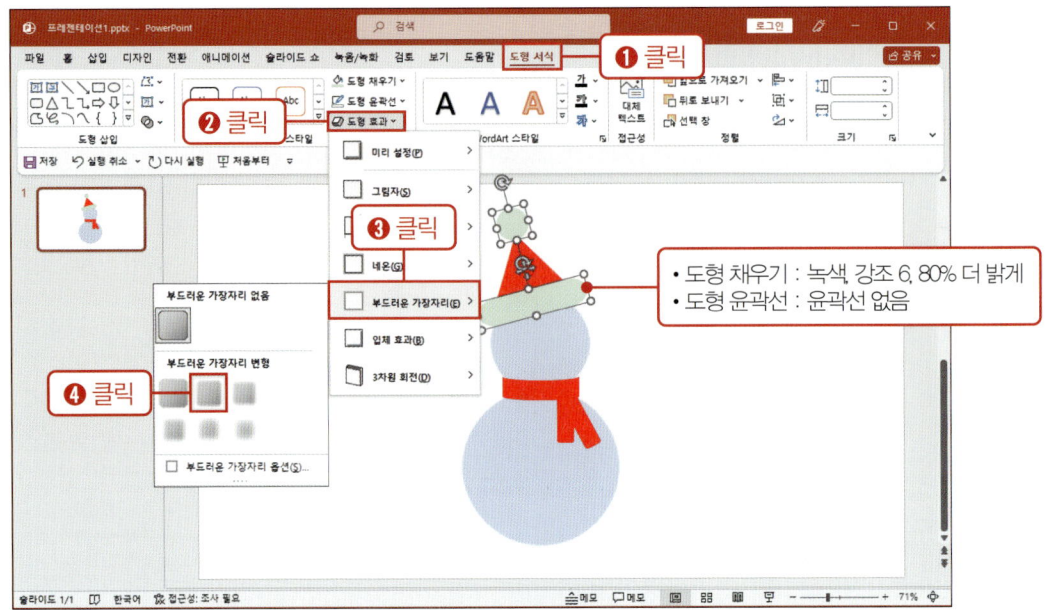

⑤ '타원(◯)', '이등변 삼각형(△)', '선(◥)' 도형을 삽입하여 그림과 같이 눈사람의 눈, 코, 입, 단추, 팔을 만들고 도형 채우기와 도형 윤곽선을 지정합니다.

 **미션 2** 도형에 그림자 효과를 지정해 보아요.

① 마우스를 드래그하여 도형을 모두 선택한 후 [도형 서식] 탭-[정렬] 그룹-[그룹화(📷)]-[그룹]을 클릭합니다.

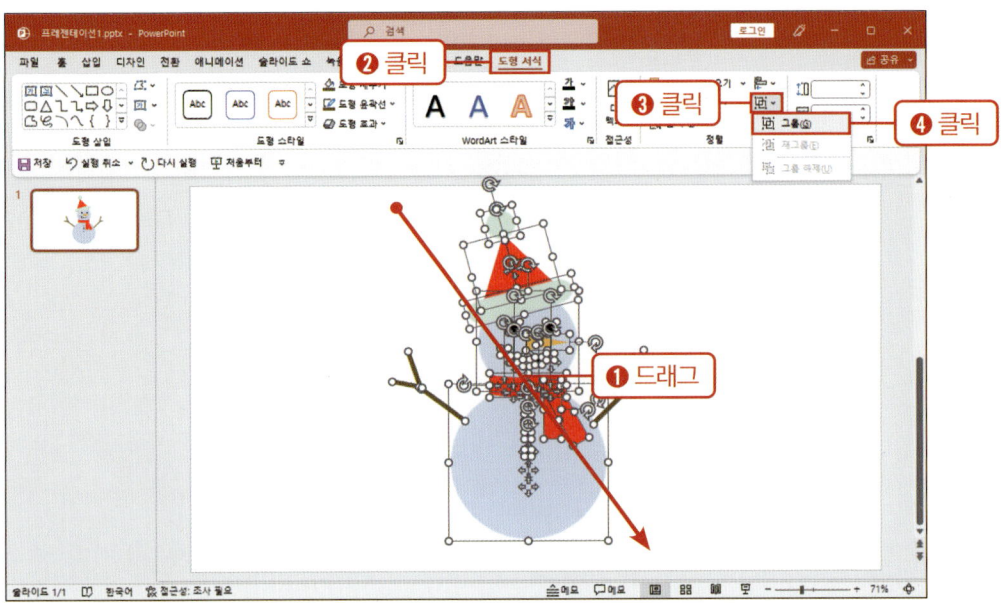

② 그룹화된 도형을 선택한 후 [도형 서식] 탭-[도형 스타일] 그룹-[도형 효과]-[그림자]-[바깥쪽]-[오프셋: 왼쪽 아래]를 클릭합니다.

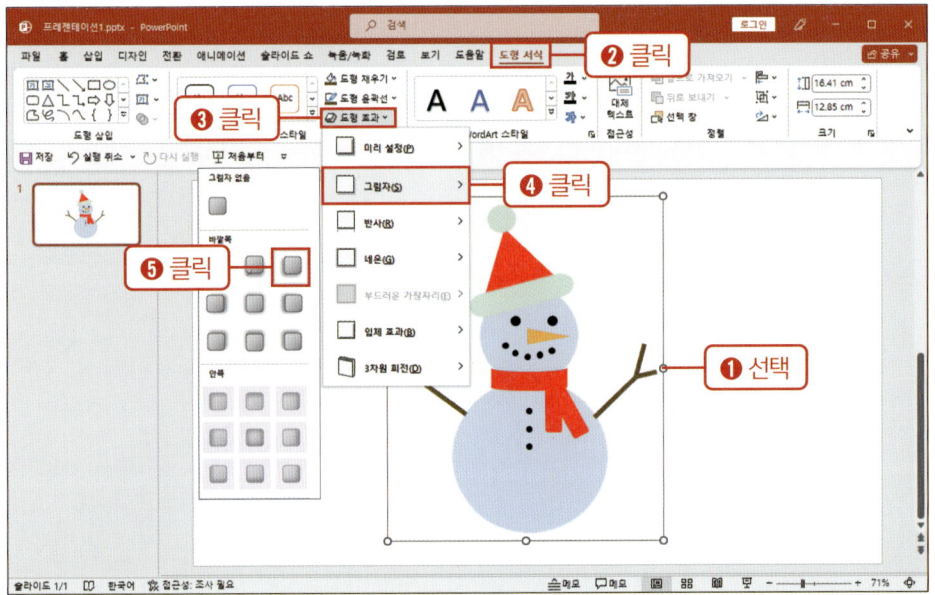

13 혼자 할 수 있어요!

01 도형을 삽입하고 다른 채우기 색과 부드러운 가장자리 효과를 이용하여 그림과 같이 고양이를 완성해 보세요.

• 완성 파일 : 13_고양이_완성.pptx

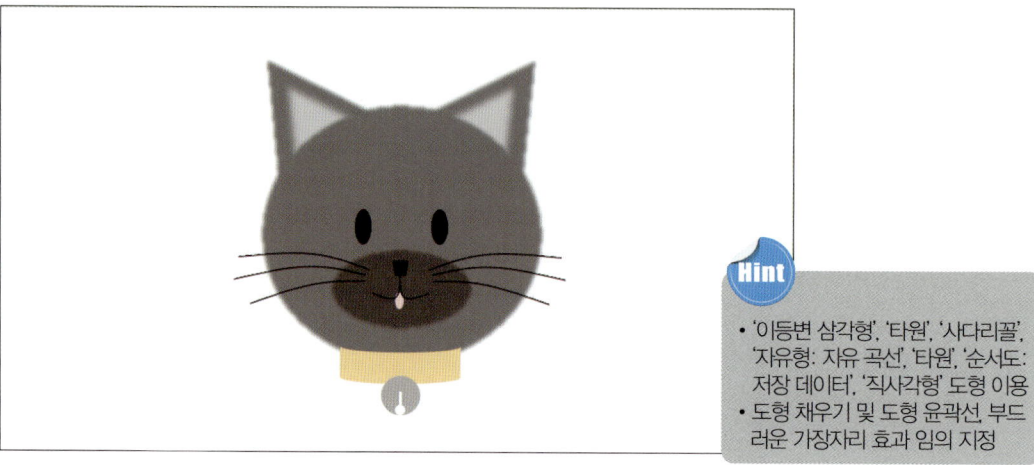

Hint
- '이등변 삼각형', '타원', '사다리꼴', '자유형: 자유 곡선', '타원', '순서도: 저장 데이터', '직사각형' 도형 이용
- 도형 채우기 및 도형 윤곽선, 부드러운 가장자리 효과 임의 지정

02 도형을 삽입하고 다른 채우기 색과 그림자 효과를 이용하여 그림과 같이 솜사탕을 완성해 보세요.

• 완성 파일 : 13_솜사탕_완성.pptx

Hint
- '구름', '정육면체' 도형 이용
- 도형 채우기 및 도형 윤곽선, 그림자 효과 임의 지정

14 알록달록 사탕 만들기

학 습 목 표

- 그림 파일을 삽입해요.
- 점 편집 기능을 이용하여 도형 모양을 변경해요.
- 스포이트를 이용하여 색을 설정해요.

▶ 예제 파일 : 사탕.png
▶ 완성 파일 : 14_사탕_완성.pptx

미션 1 그림 파일을 삽입해 보아요.

① [삽입] 탭-[이미지] 그룹-[그림()]-[이 디바이스]를 클릭하여 [그림 삽입] 대화상자가 나타나면 '사탕.png' 파일을 선택하고 [삽입] 단추를 클릭하여 그림을 삽입합니다.

② '이등변 삼각형(△)' 도형을 삽입한 후 회전 조절점(◉)을 드래그하여 그림과 같이 회전시킵니다.

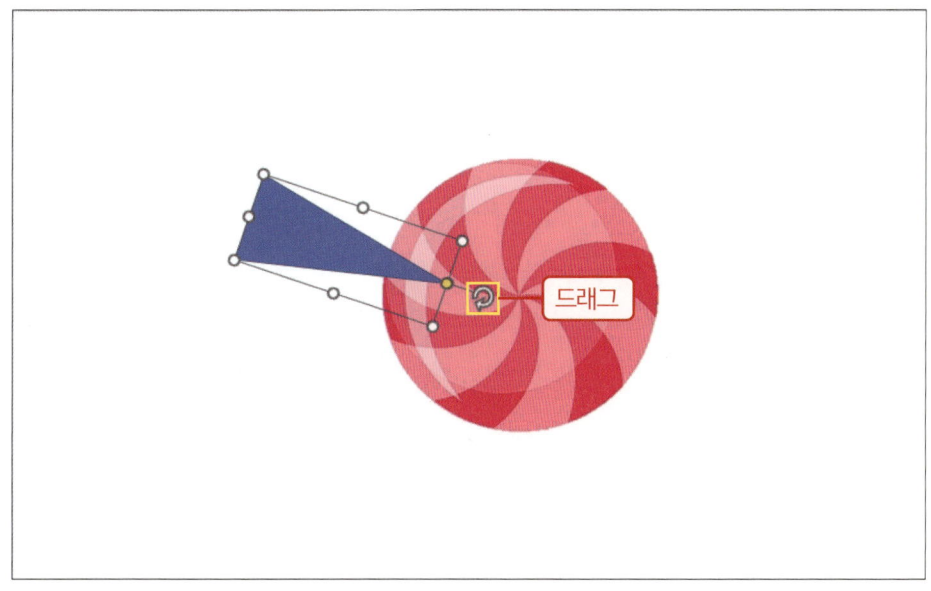

 **점 편집 기능을 이용하여 도형의 모양을 변경해 보아요.**

❶ '이등변 삼각형(△)' 도형을 선택한 후 [도형 서식] 탭–[도형 삽입] 그룹–[도형 편집]–[점 편집]을 클릭합니다.

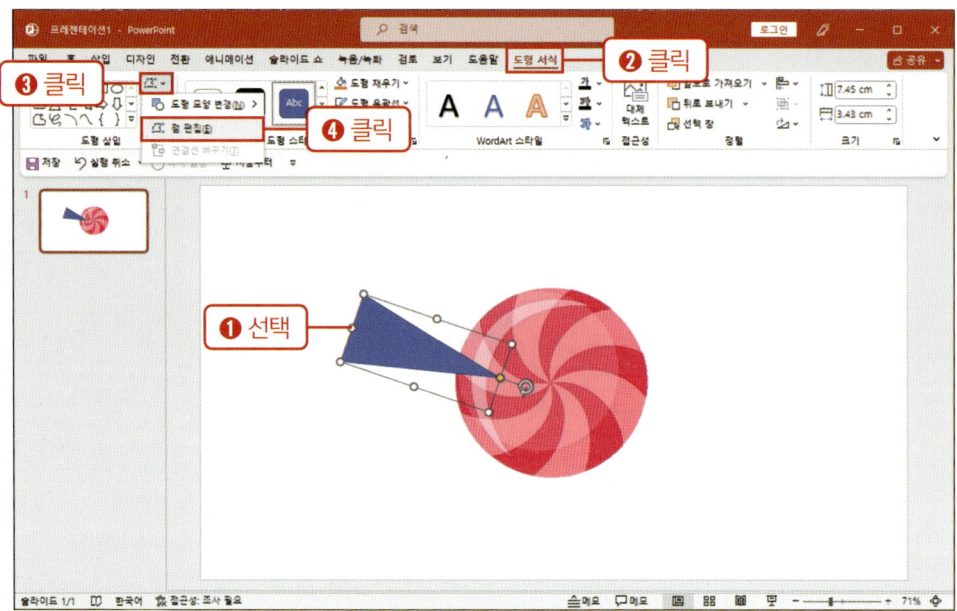

❷ 도형에 검은색 점이 나타나면 검은색 점을 클릭한 후 하얀색 편집점을 드래그하여 그림과 같이 도형의 모양을 변경합니다.

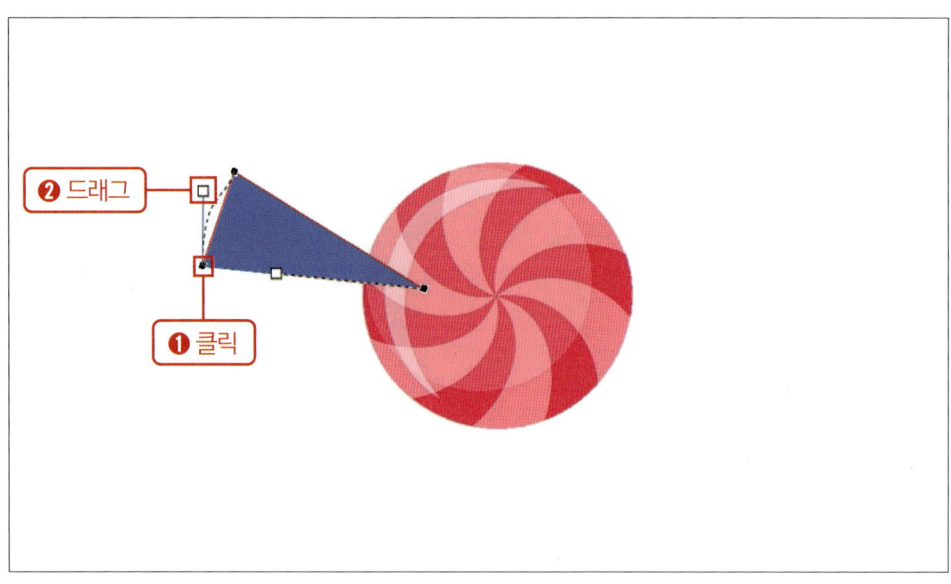

 **미션 3** 스포이트를 이용하여 색을 설정해 보아요.

① 점 편집을 완료한 '이등변 삼각형(△)' 도형을 선택한 후 [도형 서식] 탭–[도형 스타일] 그룹–[도형 채우기]–[스포이트]를 클릭합니다.

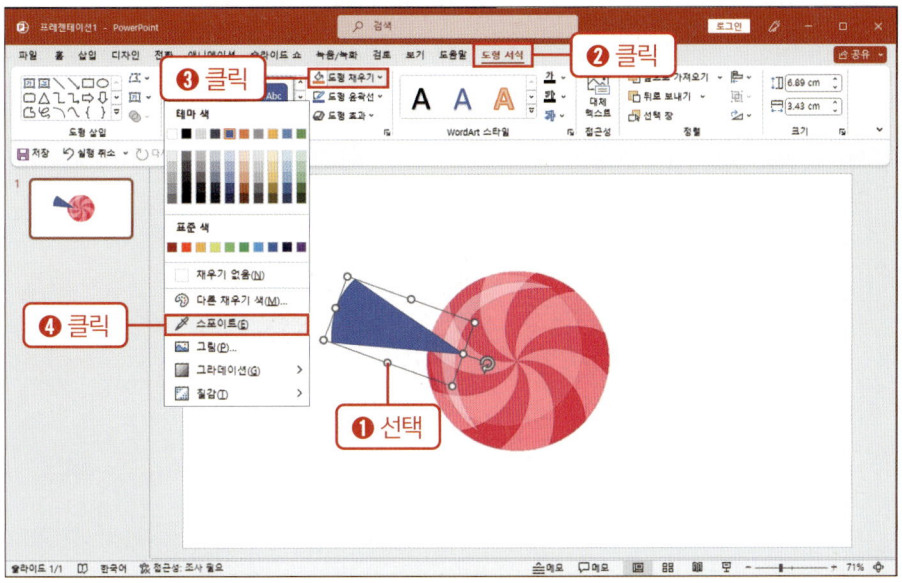

② 마우스 포인터가 스포이트(🖉) 모양으로 변경되면 '사탕' 그림에서 원하는 색을 클릭합니다. 이어서 도형 윤곽선을 '윤곽선 없음'으로 지정하고 '이등변 삼각형(△)' 도형을 복사한 후 같은 방법으로 색을 설정하여 사탕을 완성해 봅니다.

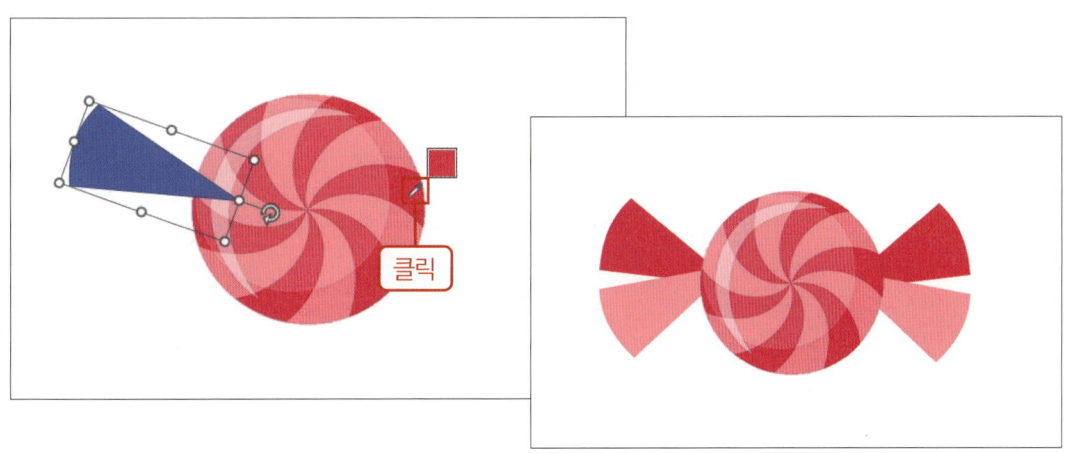

 **Tip**
4개의 '이등변 삼각형' 도형을 선택한 후 [도형 서식] 탭–[정렬] 그룹–[뒤로 보내기]–[맨 뒤로 보내기]를 클릭해 보세요.

혼자 할 수 있어요!

01 도형과 그림을 삽입하여 그림과 같이 막대사탕을 완성해 보세요.

• 예제 파일 : 리본.png
• 완성 파일 : 14_막대사탕_완성.pptx

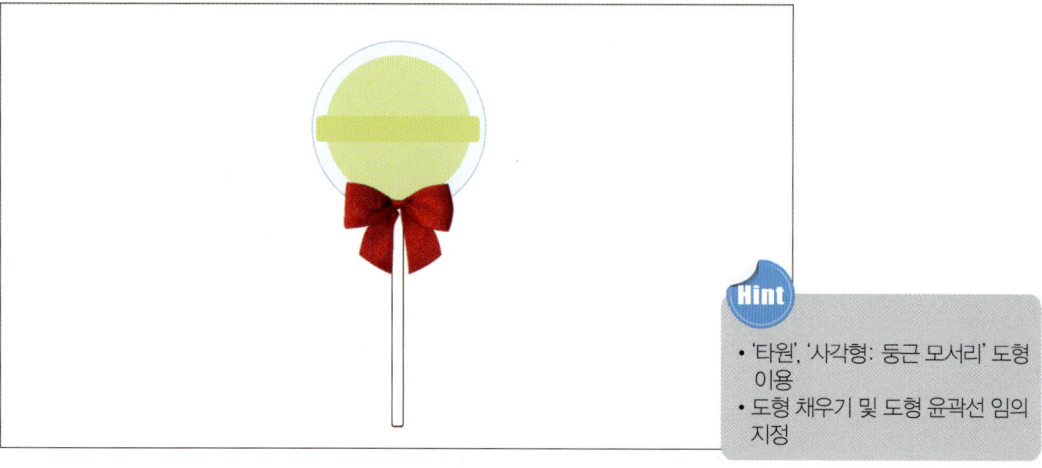

Hint
• '타원', '사각형: 둥근 모서리' 도형 이용
• 도형 채우기 및 도형 윤곽선 임의 지정

02 도형을 삽입하고 점 편집 기능을 이용하여 그림과 같이 돌고래를 완성해 보세요.

• 완성 파일 : 14_돌고래_완성.pptx

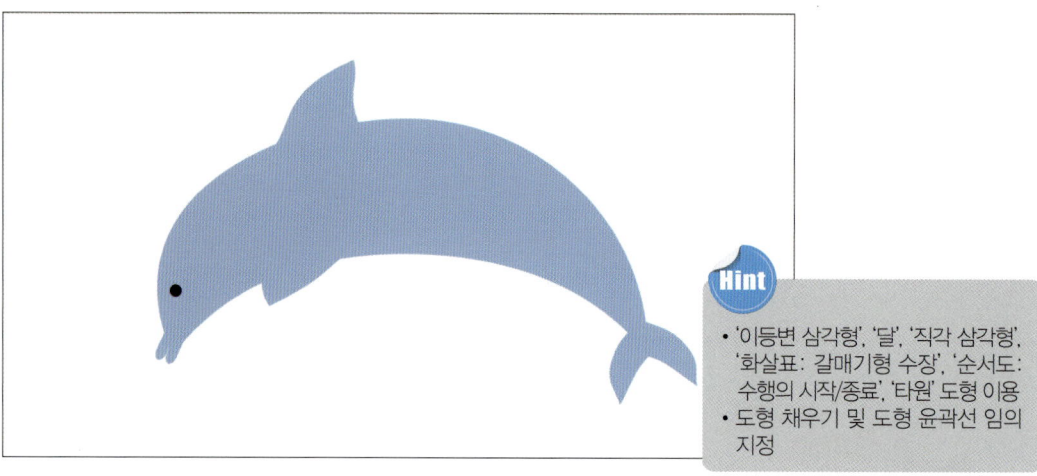

Hint
• '이등변 삼각형', '달', '직각 삼각형', '화살표: 갈매기형 수장', '순서도: 수행의 시작/종료', '타원' 도형 이용
• 도형 채우기 및 도형 윤곽선 임의 지정

15 알을 깨고 나온 병아리 만들기

학습목표
- 도형을 병합해요.
- 그림 파일을 삽입해요.

▶ 예제 파일 : 병아리.png
▶ 완성 파일 : 15_병아리_완성.pptx

미션 1 도형을 병합해 보아요.

 '타원(◯)' 도형을 삽입한 후 도형 채우기와 도형 윤곽선을 지정합니다.

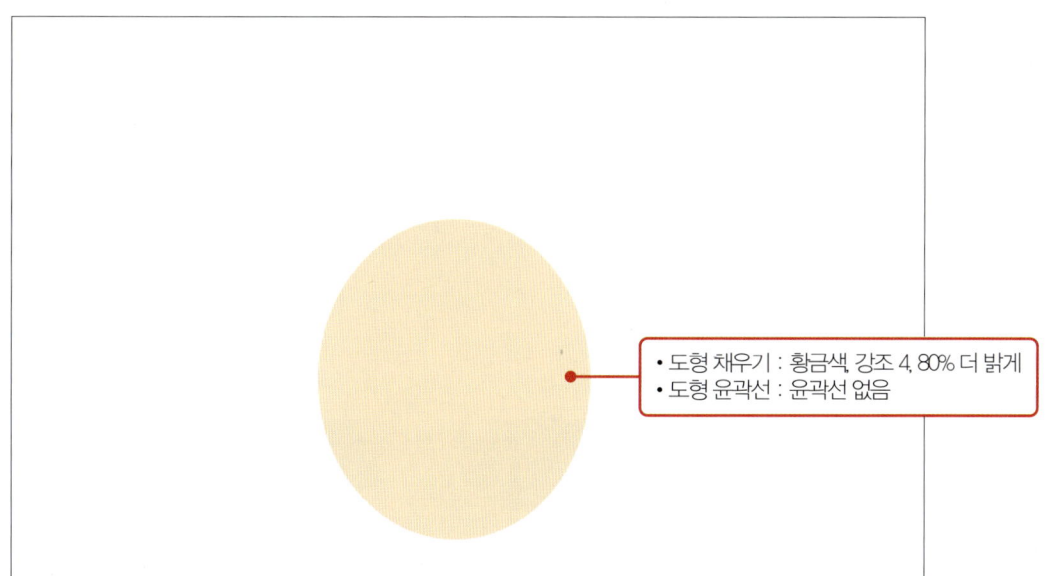

- 도형 채우기 : 황금색 강조 4, 80% 더 밝게
- 도형 윤곽선 : 윤곽선 없음

2 '별: 꼭짓점 10개(⚙)' 도형을 삽입하여 그림과 같이 크기와 위치를 조절합니다. 이어서 마우스를 드래그하여 '타원(⚪)' 도형과 '별: 꼭짓점 10개(⚙)' 도형을 선택한 후 Ctrl 을 누른 상태로 드래그하여 복사합니다.

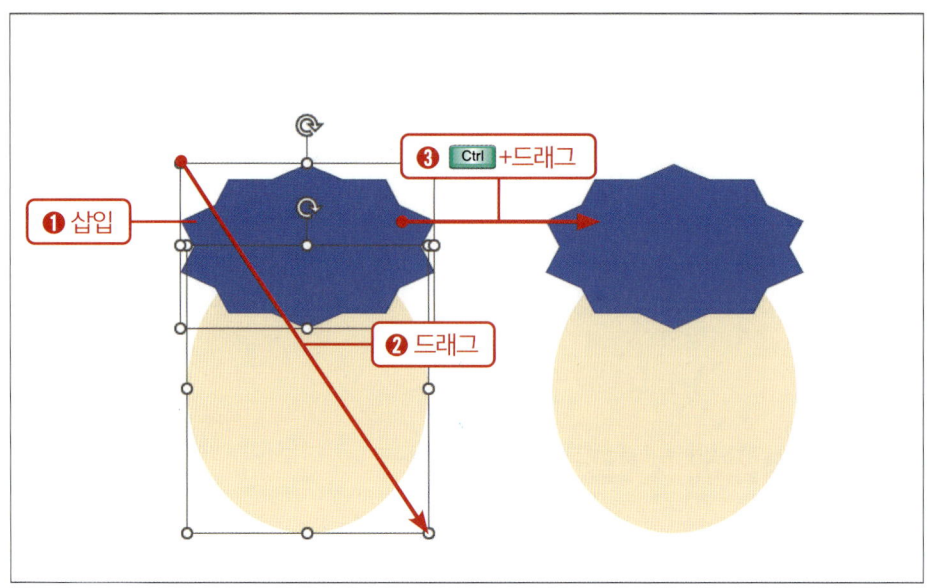

3 왼쪽의 '타원(⚪)' 도형을 클릭하고 Shift 를 누른 상태로 '별: 꼭짓점 10개(⚙)' 도형을 클릭한 후 [도형 서식] 탭–[도형 삽입] 그룹–[도형 병합(⚙)]–[빼기]를 클릭합니다.

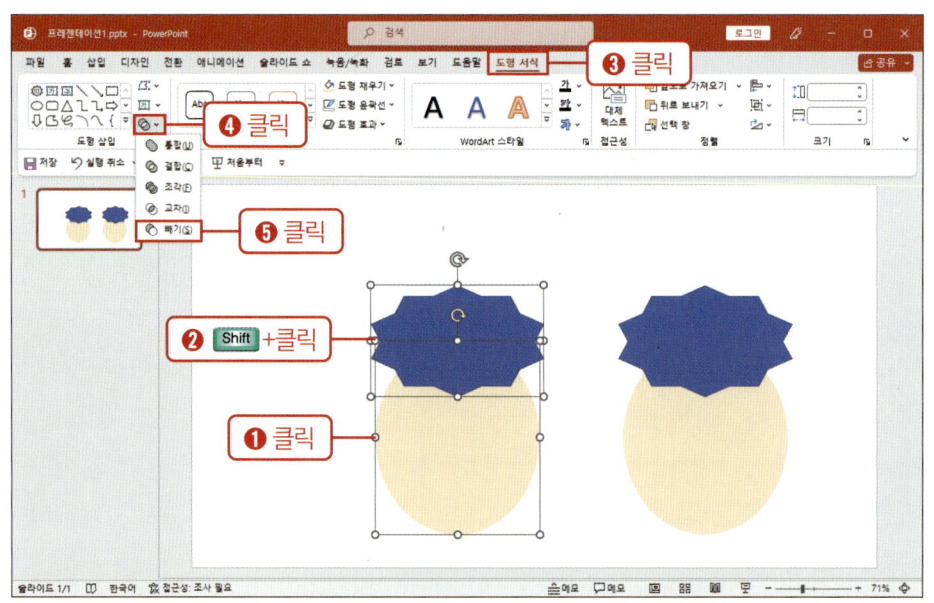

Tip
[도형 병합]–[빼기]를 적용했을 때 윗부분이 깨진 달걀 모양을 만들기 위해 '타원' 도형을 먼저 선택한 후 '별: 꼭짓점 10개' 도형을 선택해야 해요.

④ ❸과 같은 방법으로 오른쪽의 '타원(○)' 도형과 '별: 꼭짓점 10개(✦)' 도형을 차례대로 선택한 후 [도형 서식] 탭-[도형 삽입] 그룹-[도형 병합(◎)]-[교차]를 클릭합니다.

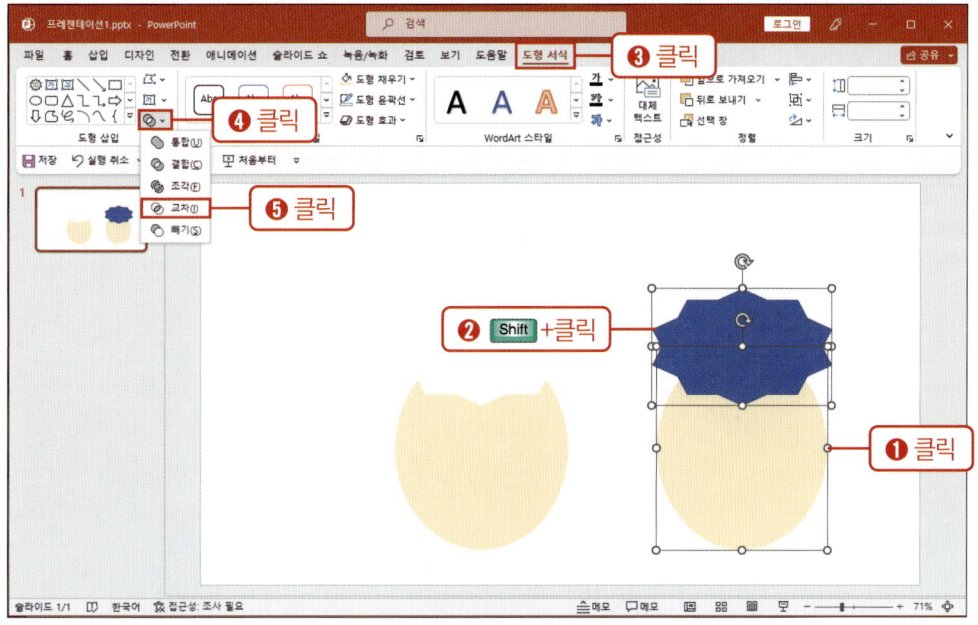

⑤ '타원(○)' 도형과 '별: 꼭짓점 10개(✦)' 도형에 '도형 병합' 효과가 적용된 모습을 확인합니다.

미션 2 그림 파일을 삽입해 보아요.

① [삽입] 탭–[이미지] 그룹–[그림(🖼)]–[이 디바이스]를 클릭하여 '병아리.png' 그림을 삽입하고 [그림 서식] 탭–[정렬] 그룹–[뒤로 보내기(📄)]–[맨 뒤로 보내기]를 클릭합니다.

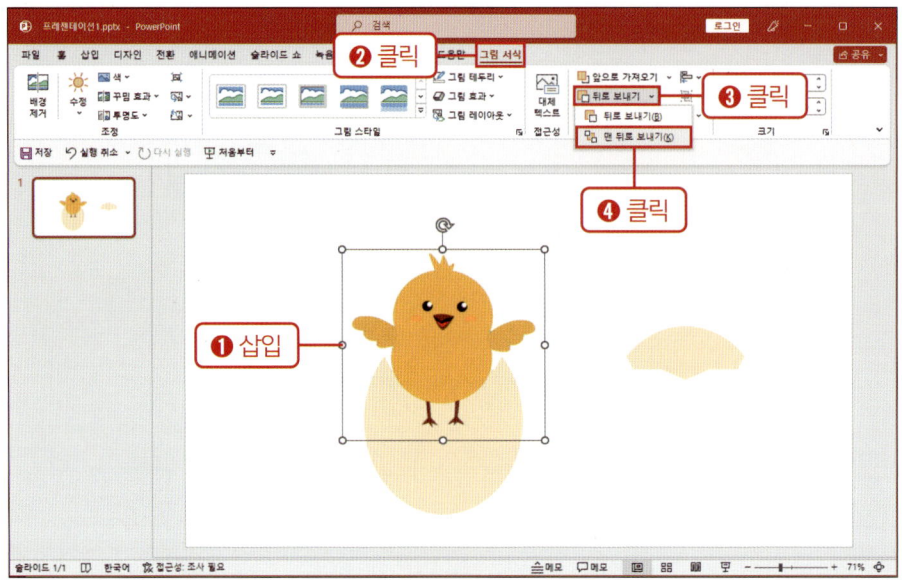

② '타원(○)' 도형을 선택하여 [도형 서식] 탭–[도형 스타일] 그룹–[도형 효과]–[그림자]–[바깥쪽]–[오프셋: 아래쪽]을 클릭한 후 '타원(○)' 도형을 추가하고 크기와 위치를 조절합니다. 이어서 오른쪽 도형의 위치를 조절하여 그림과 같이 완성해 봅니다.

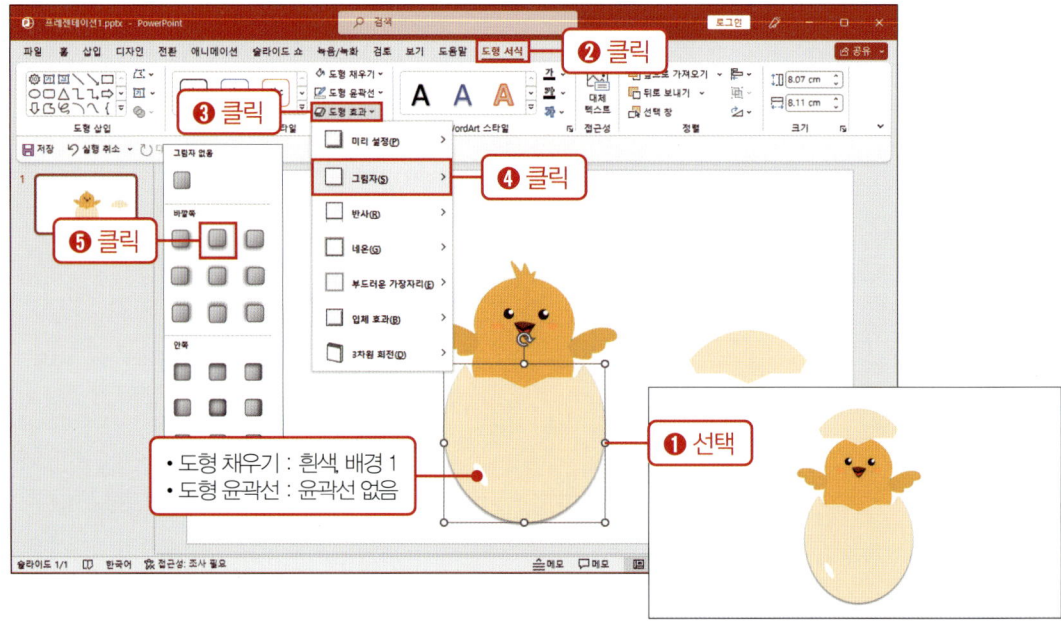

혼자 할 수 있어요!

01 도형과 그림을 삽입하고 도형 병합 기능을 이용하여 그림과 같이 사과를 완성해 보세요.

- 예제 파일 : 애벌레.png
- 완성 파일 : 15_사과_완성.pptx

Hint
- '눈물 방울', '사각형: 둥근 모서리', '타원' 도형 이용
- 도형 채우기 및 도형 윤곽선, 도형 효과 임의 지정

02 도형을 삽입하고 도형 병합 기능을 이용하여 그림과 같이 핫도그를 완성해 보세요.

- 완성 파일 : 15_핫도그_완성.pptx

Hint
- '타원', '정육면체', '곡선' 도형 이용
- 도형 채우기 및 도형 윤곽선, 도형 효과 임의 지정

16 예쁜 소녀 얼굴 만들기

학습목표
- 자유형 도형을 이용하여 앞머리를 만들어요.
- 그리기 메뉴를 이용하여 눈썹과 귀를 그려요.

▶ 완성 파일 : 16_소녀_완성.pptx

미션 1   자유형 도형을 이용하여 앞머리를 만들어 보아요.

 '부분 원형(◐)', '이등변 삼각형(△)' 도형을 삽입한 후 도형 채우기와 도형 윤곽선을 지정하여 그림과 같이 소녀의 얼굴과 머리를 만듭니다.

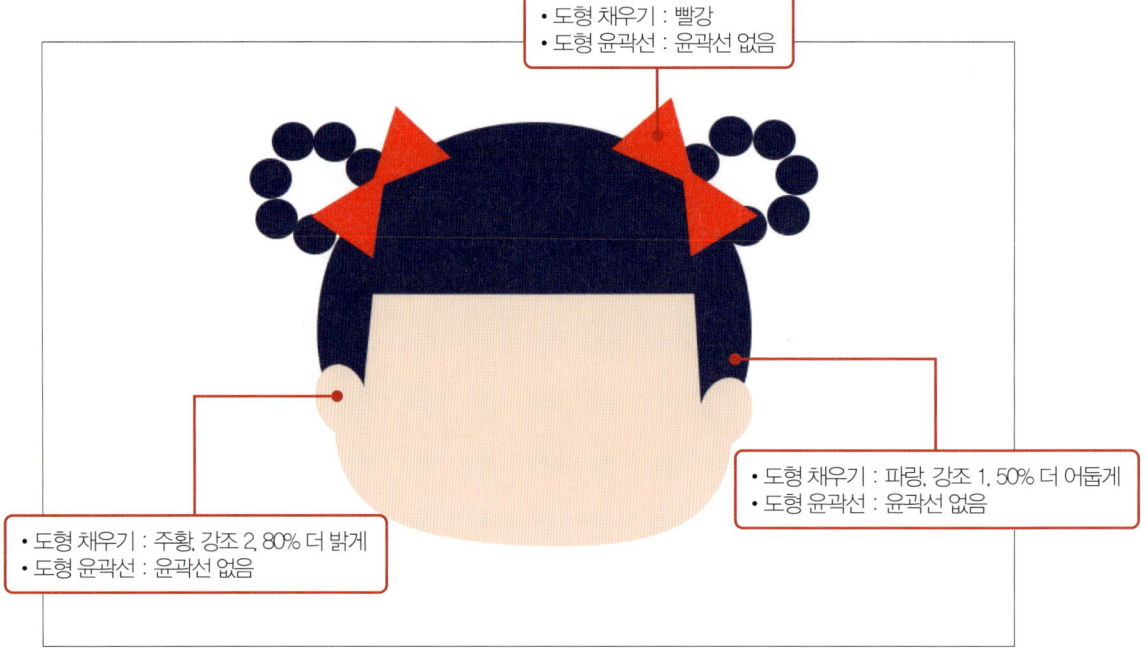

- 도형 채우기 : 빨강
- 도형 윤곽선 : 윤곽선 없음

- 도형 채우기 : 파랑, 강조 1, 50% 더 어둡게
- 도형 윤곽선 : 윤곽선 없음

- 도형 채우기 : 주황, 강조 2, 80% 더 밝게
- 도형 윤곽선 : 윤곽선 없음

❷ '자유형: 도형( )' 도형을 선택한 후 그리고 싶은 모양을 클릭해 가며 소녀의 앞머리를 그린 후 그리기가 완료되면 마우스를 더블클릭하여 그리기를 완료합니다.

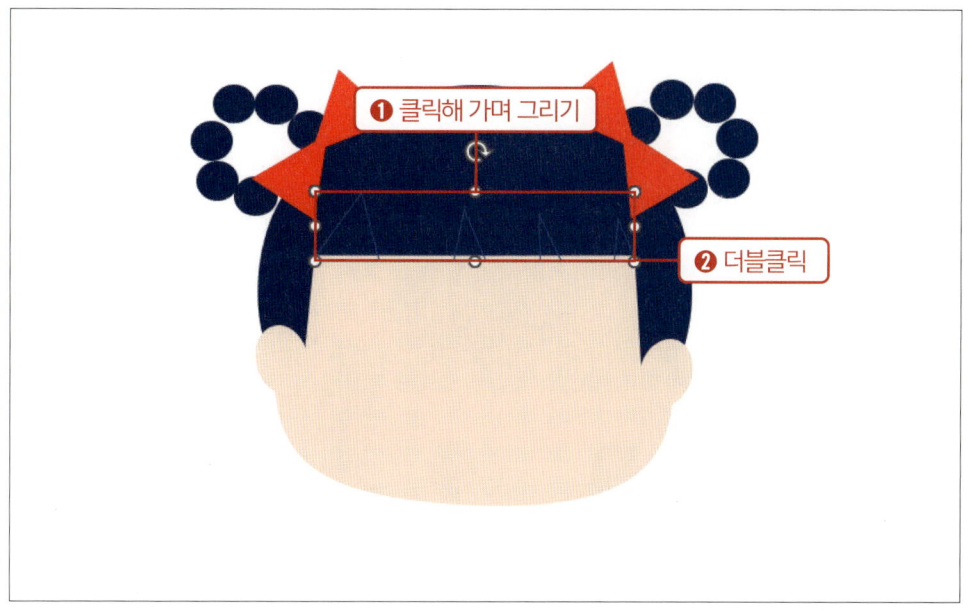

❸ 삽입된 '자유형: 도형( )' 도형을 선택한 후 [도형 서식] 탭-[도형 스타일] 그룹-[도형 채우기]-[주황, 강조 2, 80% 더 밝게], [도형 윤곽선]-[윤곽선 없음]으로 지정합니다.

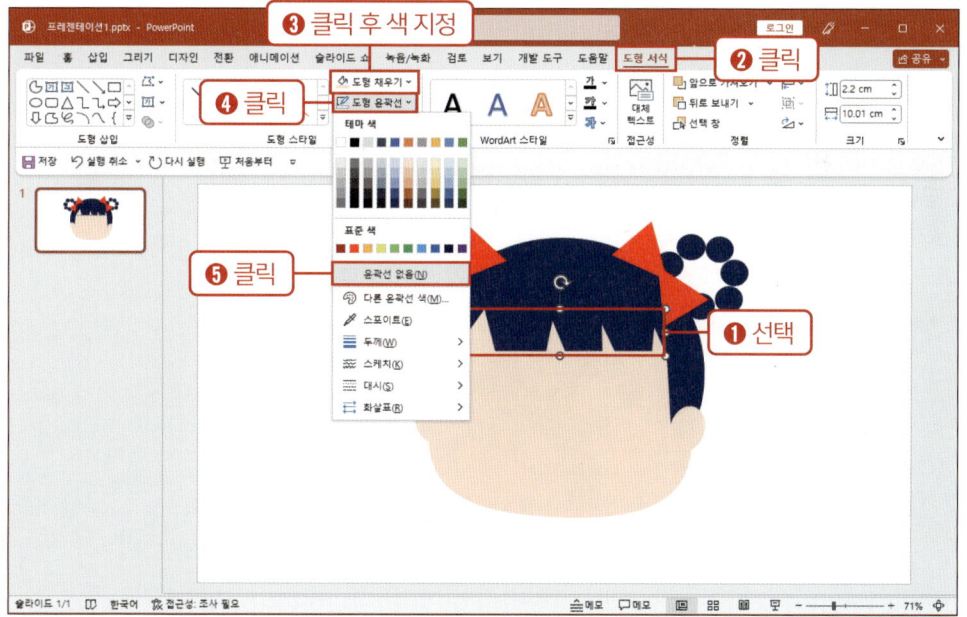

 **그리기 도구를 이용하여 눈썹과 귀를 그려 보아요.**

1. '타원(◯)', '달(☾)' 도형을 삽입한 후 도형 채우기와 도형 윤곽선을 지정하여 그림과 같이 소녀의 눈과 입, 볼터치를 만듭니다.

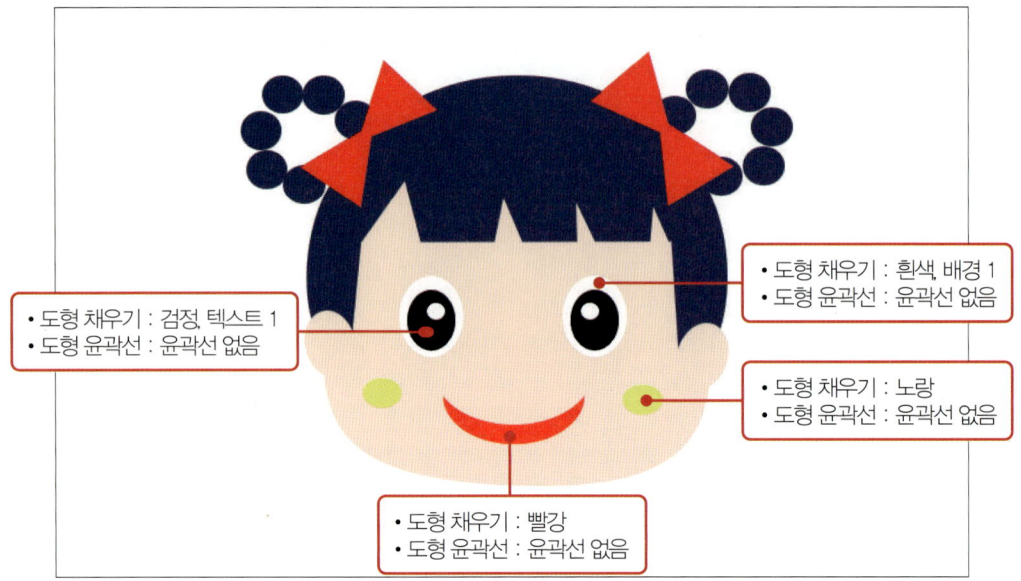

- 도형 채우기 : 검정, 텍스트 1
- 도형 윤곽선 : 윤곽선 없음

- 도형 채우기 : 흰색, 배경 1
- 도형 윤곽선 : 윤곽선 없음

- 도형 채우기 : 노랑
- 도형 윤곽선 : 윤곽선 없음

- 도형 채우기 : 빨강
- 도형 윤곽선 : 윤곽선 없음

2. 소녀의 눈썹을 만들기 위해 [그리기] 탭-[그리기 도구] 그룹-[펜(✒)]을 클릭한 후 목록 단추(▼)를 클릭하여 펜의 두께와 색상을 지정합니다.

Tip [그리기] 탭이 보이지 않는 경우 [파일] 탭-[옵션]-[리본 사용자 지정]-[리본 메뉴 사용자 지정] 목록에서 [그리기]에 체크하고 [확인] 단추를 클릭해요.

❸ 마우스 포인터의 모양이 검정색 점으로 변경되면 마우스를 드래그하여 소녀의 눈썹을 그린 후 [그리기] 탭-[그리기 도구] 그룹-[선택(🔲)]을 클릭하여 그리기를 중지합니다.

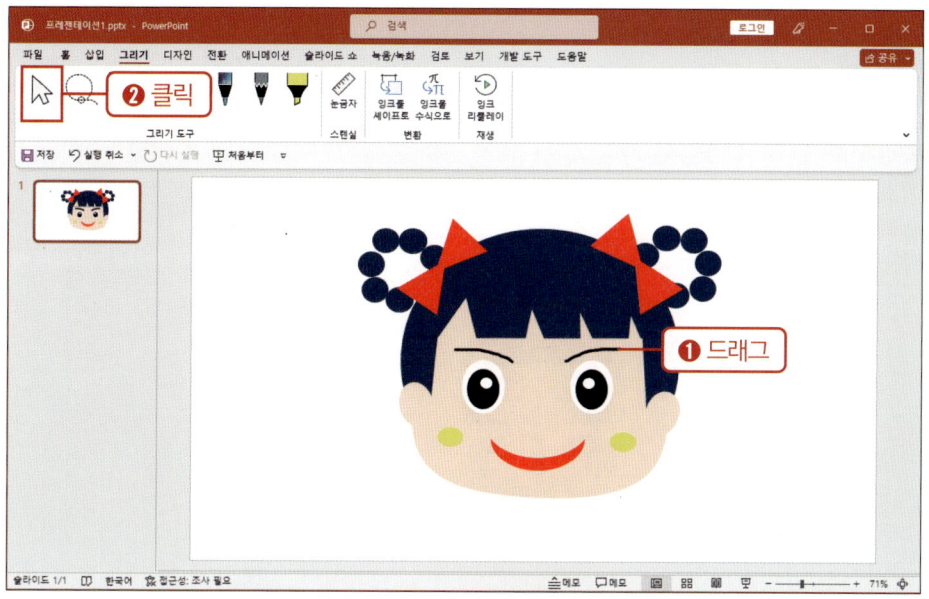

❹ 같은 방법으로 그리기 도구를 이용하여 그림과 같이 소녀의 귀를 그려 소녀의 얼굴을 완성해 봅니다.

16 혼자 할 수 있어요!

01 도형을 삽입하고 '자유형: 도형'을 이용하여 그림과 같이 단발머리 소녀를 완성해 보세요.

• 완성 파일 : 16_단발머리소녀_완성.pptx

Hint
- '사각형: 둥근 모서리', '타원', '부분 원형', '정오각형', '직사각형', '사다리꼴', '순서도: 지연' 도형 이용
- 도형 채우기 및 도형 윤곽선 임의 지정

02 도형을 삽입하고 '자유형: 도형'과 그리기 도구를 이용하여 그림과 같이 스폰지밥을 완성해 보세요.

• 완성 파일 : 16_스폰지밥_완성.pptx

Hint
- '자유형: 자유 곡선', '눈물 방울', '사다리꼴', '사각형: 둥근 모서리', '타원', '직사각형' 도형 이용
- 도형 채우기 및 도형 윤곽선 임의 지정

01  솜씨 어때요?

01 귀여운 도라에몽을 완성해 보세요.

• 완성 파일 : 솜씨어때요01_도라에몽_완성.pptx

Hint
- '타원', '선', '달', '사각형: 둥근 모서리', '순서도: 수행의 시작/종료' 도형 이용
- [도형 서식] 탭-[도형 스타일] 그룹-[도형 효과]에서 입체 효과와 네온 효과 지정

02 바다 위 돛단배를 완성해 보세요.

• 완성 파일 : 솜씨어때요02_돛단배_완성.pptx

Hint
- '타원', '물결', '웃는 얼굴', '1/2 액자', '사다리꼴', '연결선: 구부러짐' 도형 이용
- [도형 서식] 탭-[도형 스타일] 그룹-[도형 효과]에서 입체 효과 및 네온 효과 적용

02  솜씨 어때요?

01 삐약삐약 귀여운 병아리를 완성해 보세요.

• 완성 파일 : 솜씨어때요03_병아리_완성.pptx

Hint
- '타원', '하트', '선' 도형 이용
- 도형 채우기 및 도형 윤곽선 임의 지정

02 맛있는 쿠키맨을 완성해 보세요.

• 완성 파일 : 솜씨어때요04_쿠키맨_완성.pptx

Hint
- '타원', '순서도: 수행의 시작/종료', '이등변 삼각형', '원호', '자유형: 자유 곡선' 도형 이용
- 도형 채우기 및 도형 윤곽선 임의 지정

03 솜씨 어때요?

01 알록달록 팔레트를 완성해 보세요.

• 완성 파일 : 솜씨어때요05_팔레트_완성.pptx

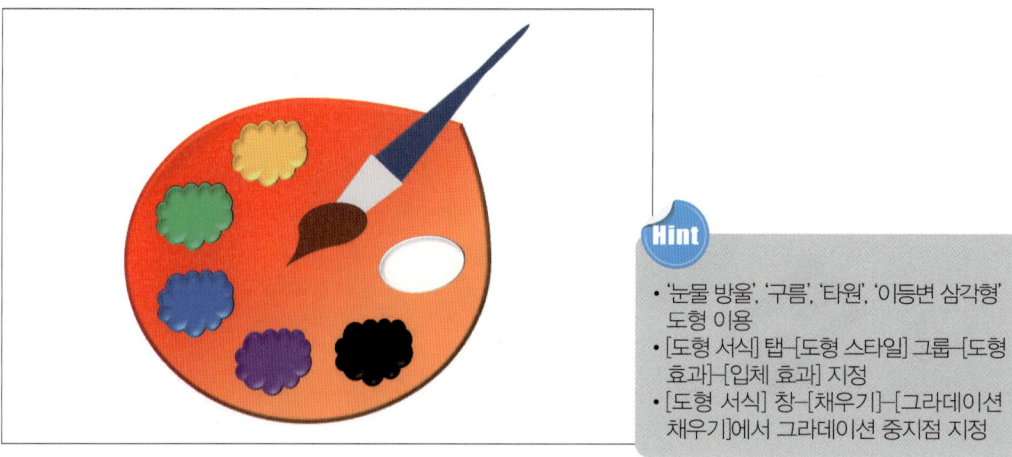

Hint
- '눈물 방울', '구름', '타원', '이등변 삼각형' 도형 이용
- [도형 서식] 탭-[도형 스타일] 그룹-[도형 효과]-[입체 효과] 지정
- [도형 서식] 창-[채우기]-[그라데이션 채우기]에서 그라데이션 중지점 지정

02 깡총깡총 토끼를 완성해 보세요.

• 완성 파일 : 솜씨어때요06_토끼_완성.pptx

Hint
- '타원', '눈물 방울', '이등변 삼각형' 도형 이용
- 그리기 도구 이용하여 입술 표현
- [도형 서식] 탭-[도형 스타일] 그룹-[도형 효과]에서 부드러운 가장자리 효과 및 그림자 효과 지정

04 솜씨 어때요?

01 우리나라 태극기를 완성해 보세요.

• 완성 파일 : 솜씨어때요07_태극기_완성.pptx

Hint
- '원형', '직사각형' 도형 이용
- [도형 서식] 탭-[도형 삽입] 그룹-[도형 편집]-[점 편집] 이용하여 도형 모양 변경

02 달콤한 생일 케이크를 완성해 보세요.

• 완성 파일 : 솜씨어때요08_케이크_완성.pptx

Hint
- '원통형', '사각형: 둥근 모서리', '눈물 방울' 도형 이용
- [도형 서식] 탭-[도형 스타일] 그룹-[도형 효과]에서 네온 효과 적용
- [예제 파일] 폴더에서 그림 삽입

05 솜씨 어때요?

01 알알이 포도 송이를 완성해 보세요.

• 완성 파일 : 솜씨어때요09_포도 송이_완성.pptx

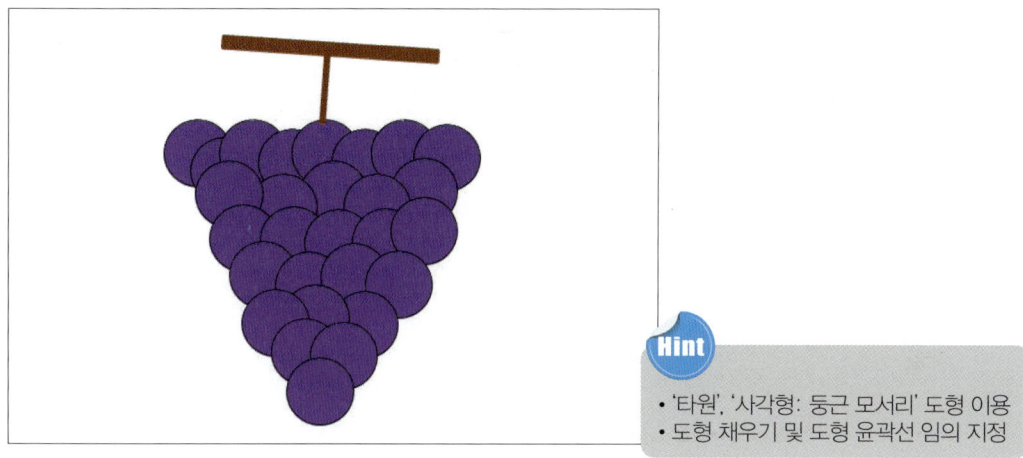

Hint
• '타원', '사각형: 둥근 모서리' 도형 이용
• 도형 채우기 및 도형 윤곽선 임의 지정

02 알록달록 방패연을 완성해 보세요.

• 완성 파일 : 솜씨어때요10_방패연_완성.pptx

Hint
• '직사각형', '순서도: 가산 접합', '부분 원형', '직각 삼각형' 도형 이용
• 도형 채우기 및 도형 윤곽선 임의 지정

06 솜씨 어때요?

01 맛있는 햄버거를 완성해 보세요.

• 완성 파일 : 솜씨어때요11_햄버거_완성.pptx

Hint
- '타원', '사각형: 둥근 모서리', '다이아몬드', '원통형', '구름', '눈물 방울' 도형 이용
- [도형 채우기]-[그라데이션 채우기]에서 그라데이션 효과 적용

02 맛있는 음식을 만들 수 있는 주방 도구를 완성해 보세요.

• 완성 파일 : 솜씨어때요12_주방도구_완성.pptx

Hint
- '사각형: 둥근 모서리', '직사각형', '순서도: 지연', '순서도: 수행의 시작/종료', '타원', '자유형: 자유 곡선' 도형 이용
- [도형 채우기]-[그라데이션 채우기]에서 그라데이션 효과 적용

07  솜씨 어때요?

01 멋진 경찰차를 완성해 보세요.

• 완성 파일 : 솜씨어때요13_경찰차_완성.pptx

Hint
• '사각형: 둥근 모서리', '선', '순서도: 수동 연산', '오각형' 도형 이용
• [예제 파일] 폴더에서 그림 삽입

02 밀림의 왕 사자를 완성해 보세요.

• 완성 파일 : 솜씨어때요14_사자_완성.pptx

Hint
• '타원', '별: 꼭짓점 32개', '눈물 방울', '사각형: 둥근 모서리', '자유형: 자유 곡선', '직사각형' 도형 이용
• 도형 채우기 및 도형 윤곽선 임의 지정

08 솜씨 어때요?

01 예쁜 골프 가방 세트를 완성해 보세요.

• 완성 파일 : 솜씨어때요15_골프_완성.pptx

Hint
- '직사각형', '순서도: 문서', '순서도: 수행의 시작/종료', '막힌 원호', '1/2 액자', '순서도: 수동 입력', '순서도: 가산 접합' 도형 이용
- 도형 채우기 및 도형 윤곽선 임의 지정

02 집게를 가진 꽃게를 완성해 보세요.

• 완성 파일 : 솜씨어때요16_꽃게_완성.pptx

Hint
- '부분 원형', '사각형: 둥근 모서리', '타원', '별: 꼭짓점 12개' 도형 이용
- [도형 채우기]-[그라데이션 채우기]에서 그라데이션 효과 적용

메모